DOCUMENTS

RELATIFS AUX

EAUX DE PARIS

APPENDICE.

DÉRIVATION DES SOURCES DE LA DHUIS

PARIS
IMPRIMERIE ADMINISTRATIVE DE PAUL DUPONT,
Rue de Grenelle-Saint-Honoré, 45.

1866

DOCUMENTS

RELATIFS AUX

EAUX DE PARIS.

APPENDICE.

DÉRIVATION DES SOURCES DE LA DHUIS.

PARIS,

IMPRIMERIE ADMINISTRATIVE DE PAUL DUPONT

RUE DE GRENELLE-SAINT-HONORÉ, 45.

1866

TABLE.

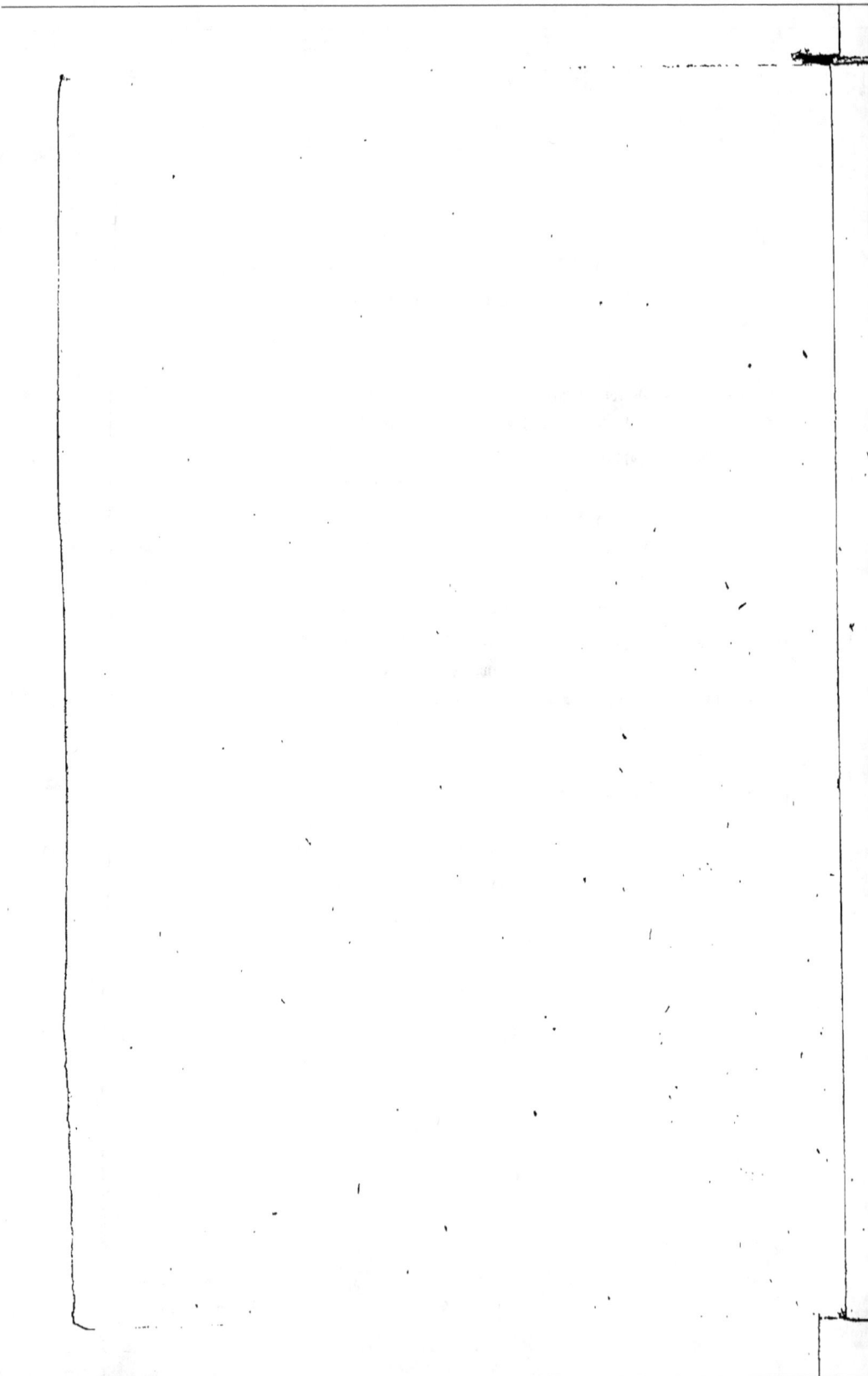

DÉRIVATION DES SOURCES DE LA DHUIS.

DÉCRET DÉCLARATIF D'UTILITÉ PUBLIQUE.

NAPOLÉON, par la grâce de Dieu et la volonté nationale, Empereur des Français,

A tous, présents et à venir, salut;

Sur le rapport de notre Ministre Secrétaire d'État au département de l'agriculture, du commerce et des travaux publics;

Vu le projet montant à 18,000,000 de francs, présenté, par les Ingénieurs du service municipal de la Ville de Paris, pour la dérivation des sources de la Dhuis, dans l'intérêt de l'alimentation de la ville;

Vu notamment le plan d'ensemble portant la date des 18-22 décembre 1860;

Vu la délibération du Conseil municipal, en date du 18 mai 1860;

Vu les pièces de l'enquête, ouverte sur le projet susvisé, dans les départements de l'Aisne, de Seine-et-Marne, de Seine-et-Oise et de la Seine;

Vu les avis des commissions d'enquête;

Vu le rapport des Ingénieurs du service municipal de la ville de Paris, en date des 18-22 décembre 1860;

Vu les avis des Préfets des quatre départements intéressés;

Vu l'avis du Conseil général des ponts et chaussées, en date
du 14 octobre 1861 ;

Vu la lettre de notre Ministre de l'Intérieur, en date du
16 novembre 1861 ;

Vu la loi du 3 mai 1841 ;

Vu le sénatus-consulte du 25 décembre 1852;

Notre Conseil d'État entendu;

AVONS DÉCRÉTÉ ET DÉCRÉTONS CE QUI SUIT :

ARTICLE 1er.

Est approuvé le projet des travaux à faire pour la dérivation des sources de la Dhuis, conformément à l'avant-
projet et au plan ci-dessus visé, en date des 18 et 22 décembre 1860, qui demeureront annexés au présent décret.

ARTICLE 2.

Les travaux mentionnés à l'article 1er sont déclarés d'u-
tilité publique.

La Ville de Paris est autorisée à poursuivre l'expropriation
des bâtiments et des terrains nécessaires à l'exécution desdits
travaux, en se conformant aux dispositions de la loi du
3 mai 1841.

ARTICLE 3.

Les expropriations nécessitées par l'exécution desdits travaux devront avoir lieu dans un délai de cinq ans, à dater de la promulgation du présent décret.

, ARTICLE 4.

Notre Ministre secrétaire d'État au département de l'agriculture, du commerce et des travaux publics, est chargé de l'exécution du présent décret.

Fait au palais des Tuileries, le quatre mars mil huit cent soixante-deux.

Signé : NAPOLÉON.

Par l'Empereur :

Le Ministre secrétaire d'État au département de l'agriculture, du commerce et des travaux publics,

Signé : E. ROUHER.

Pour ampliation :

Le Conseiller d'État, secrétaire général,

Signé : DE BOUREUILLE.

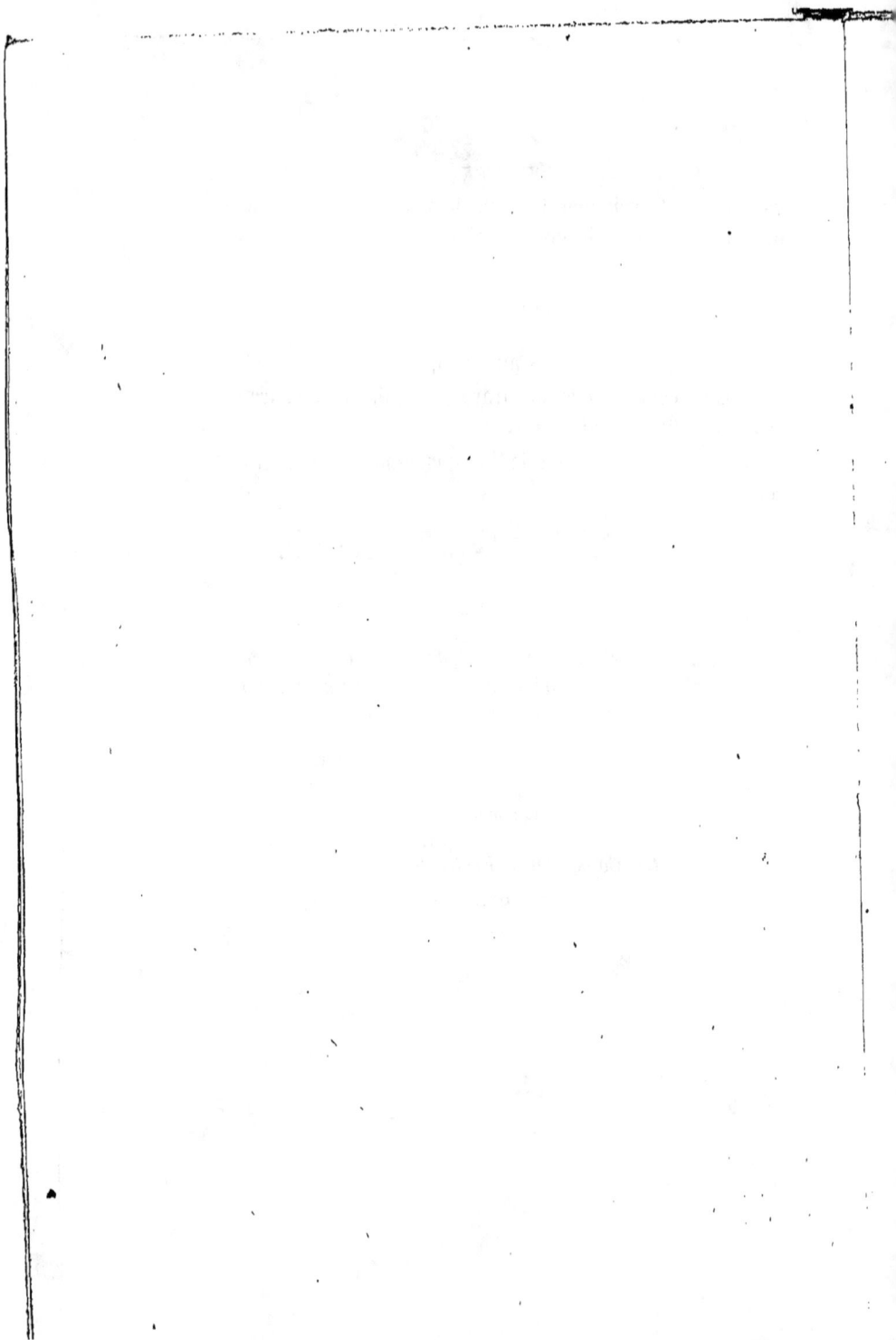

SÉNAT.

SESSION DE 1862.

Séance du mercredi 14 mai 1862.

Moniteur universel. — Année 1862. — N° 135. — 15 mai. — Page 702.

RAPPORT

Fait par M. MALLET, au nom de la 1re Commission des pétitions (1), sur des pétitions relatives à la dérivation projetée des eaux de la Somme, de la Soude, du Surmelin et de la Dhuis pour les employer à l'usage de la Ville de Paris.

MESSIEURS LES SÉNATEURS,

(N°s 124 et 455.) Deux mille cinquante habitants de diverses communes du département de la Marne adressent des plaintes au sujet de la dérivation projetée des eaux de la Somme et de la Soude, pour être employées à l'usage de la Ville de Paris.

Ils contestent que la dérivation projetée, en vue de pourvoir non-seulement aux besoins, mais au luxe des habitants de Paris, ait le caractère d'une entreprise d'utilité publique. Ils ne reconnaissent ce caractère qu'aux travaux qui procu-

---

(1) Cette commission était composée de MM. le baron DUPIN, *président*, LE VERRIER, DE GOULHOT DE SAINT-GERMAIN, le baron DE VINCENT, *secrétaire*, FERDINAND BARROT, le général marquis DE GROUCHY, BONJEAN, le comte DE BEAUMONT, DUMAS, MALLET, *rapporteur*.

rent un avantage à tous les régnicoles d'un État, telles que les voies de communication de toute nature; travaux profitables aux expropriés eux-mêmes. Quel avantage, disent-ils, recueilleront d'un tel travail les autres départements de l'Empire? S'il n'y a pas utilité publique, il n'y a pas lieu à expropriation.

Les départements, les communes, dans un intérêt public restreint à l'intérêt départemental ou communal, ne peuvent entreprendre de travaux et demander l'expropriation que des propriétés particulières situées dans les limites du département ou du territoire de la commune; c'est ce qui semble démontré aux pétitionnaires par la loi du 3 mai 1841. Ils ajoutent que l'exécution du projet amènerait, pour une notable partie des arrondissements de Châlons et d'Épernay, les effets les plus désastreux, par exemple, la suppression de soixante-cinq moulins qui alimentent une population de 25,000 âmes, et la stérilité de 1,400 hectares de prairies.

— (Nº 238.) Quatre-vingt-dix-huit habitants de la commune de Montmort (Marne), réclament contre la dérivation des eaux du Surmelin. M. le Préfet de la Seine, disent-ils, sentant qu'il ne pourrait obtenir l'autorisation d'exproprier les sources du Surmelin, a pris le parti de les acheter. Il ne lui reste plus qu'à les amener à Paris; mais, ajoutent-ils, il ne pourrait le faire qu'au mépris de toutes les lois. Le propriétaire d'une source n'a le droit d'en user que sur son héritage même; la Ville de Paris peut se passer des eaux de la Champagne. Le fleuve qui la traverse doit suffire à tous ses besoins. Mais les campagnes de la Marne peuvent-elles se passer des sources qu'elles possèdent et qui sont nécessaires à leurs besoins journaliers? Pour la seule ville de Montmort, l'exécution du projet entraînerait la suppression de cinq moulins et la perte de ses prairies. On peut indemniser les usiniers et les propriétaires des prés; mais quelle indemnité accorder au reste des habitants qui se verraient privés des usines qui servent à moudre leur grain, et des prairies qui leur fournissent les fourrages dont ils ont besoin?

— (N° 591.) Dix-sept habitants de Pargny se plaignent de ce que les employés de la Ville de Paris envahissent leurs propriétés et détruisent les récoltes; ils ne pensent pas que le décret rendu pour l'expropriation de leur terrain, dans le but d'amener la Dhuis à Paris, autorise une pareille violation du droit de propriété.

— (N° 601.) Trente-quatre habitants de la commune de Suizy contestent à la Ville de Paris le droit d'attenter à leurs intérêts. Le département de la Marne a des droits légalement égaux aux droits et aux intérêts d'une partie du département de la Seine. Dériver leurs sources au profit de Paris serait consacrer leur asservissement à cette ville, contrairement à l'esprit d'égalité qui fait la base de nos Codes.

— (N° 602.) Même réclamation que celle ci-dessus, de seize habitants de La-Ville-sous-Orbais. Ils prient qu'on regarde leur protestation unanime comme exprimant mieux leurs vœux qu'ils ne pourraient le faire dans une enquête ouverte à Épernay, enquête à laquelle ils ne pourraient tous se rendre. Ils contestent à la Ville de Paris le droit de provoquer une enquête hors de son territoire.

— (N° 620.) Cent soixante-douze habitants d'Orbais-l'Abbaye présentent une réclamation semblable. Ils se méfient des commissions d'enquête. Le Surmelin alimente chez eux plusieurs usines dont l'importance grandit chaque jour. La suppression du cours d'eau forcerait une partie de la population à sortir du pays pour chercher ailleurs du travail.

— (N° 627.) Vingt habitants de la commune de Breuil s'opposent également à ce que la dérivation du Surmelin soit l'objet d'une enquête. Paris, disent-ils, désire les eaux de notre rivière, il y a bien des choses à Paris que, de notre côté, nous pouvons désirer, mais nous pensons que chaque localité doit rester en possession de ce que la nature lui a donné, et de ce que l'art et la civilisation ont pu y introduire.

— (N° 627 *bis*.) Quatre propriétaires, dont trois sont maires des communes riveraines du Surmelin, demandent au contraire qu'une enquête précède la dérivation de cette rivière.

Il y a, comme on voit, deux catégories de pétitions; la première relative à la Somme et à la Soude, la seconde à la Dhuis et au Surmelin. Avant de les discuter, nous croyons devoir présenter quelques détails sur l'alimentation de la capitale, et dire comment M. le Préfet de la Seine a été conduit à aller chercher jusqu'en Champagne les eaux qu'il destine à cette alimentation.

A toutes les époques, l'Administration publique s'est occupée de fournir de l'eau aux habitants de Paris. Les premiers travaux, dans les temps anciens, se bornèrent à aménager les sources de Belleville et des Prés-Saint-Gervais. Plus tard, sous Henri IV, la Samaritaine fut établie au Pont-Neuf, et une autre machine au pont Notre-Dame. Bientôt après, l'aqueduc d'Arcueil fut construit. Cependant, le plus grand nombre des habitants était encore obligé de se servir de puits, ou d'aller prendre dans la Seine de l'eau alors à peu près pure. Mais cette pureté s'altéra de plus en plus par les déjections des maisons dont le nombre allait toujours croissant. A la fin du dernier siècle, l'Administration municipale appliqua la force de la vapeur, dont on commençait à faire usage, à élever une plus grande quantité d'eau qu'on ne l'avait fait jusqu'alors. En 1782, les pompes à feu de Chaillot furent établies; mais l'eau qu'elles élevaient, prises à l'aval de Paris, laissait beaucoup à désirer sous le rapport de la pureté.

Aux ressources que l'on trouvait ainsi dans la Seine au moyen de ces machines et de celles anciennement établies, l'Administration municipale sentit la nécessité d'en ajouter de nouvelles. Son attention se porta sur une rivière à laquelle on avait déjà pensé du temps de Louis XIV, et dont la dérivation avait même été commencée. C'était celle de l'Ourcq, rivière abondante, se jetant dans la Marne. Au moment où le projet de la dérivation fut examiné, une vive discussion s'éleva. Les habitants de Paris étaient naturellement devenus d'autant plus difficiles, que l'eau qui leur était distribuée était moins pure. L'auteur du projet, mettant en première ligne le lavage des rues et des égouts, soutint qu'il suffisait d'amener cette rivière dans un canal à ciel ouvert. Ses adversaires disaient que le premier besoin était de fournir aux habitants de l'eau potable, c'est-à-dire limpide et salubre, ce qui ne pouvait s'obtenir qu'au moyen d'un aqueduc. Le canal fut préféré, par le motif qu'en amenant à Paris les eaux nécessaires à ses besoins, il servirait en même temps à la navigation.

Le lavage des rues et des égouts est resté d'une grande importance, mais l'alimentation publique n'en a pas une moindre. Aux yeux de l'Administration, les deux besoins marchent de pair. Son intention est de réserver la Seine et l'Ourcq pour le service public, et de chercher d'autres ressources pour le service privé. Elle s'est proposé ce problème : fournir aux habitants de Paris en abondance de l'eau limpide, tonique, salubre, d'une température à peu près toujours égale, c'est-à-dire fraîche en été, et non glacée en hiver.

Aujourd'hui, la Ville de Paris dispose de 153,000 mètres cubes d'eau, toutes les vingt-quatre heures, lesquelles proviennent de Belleville, des Prés-Saint-Gervais, d'Arcueil, de l'Ourcq, de la Seine au moyen de machines, et du puits de Grenelle. Sur ces 153,000 mètres cubes, 93,000 sont consacrés au service public, c'est-à-dire au lavage des rues et des égouts et aux fontaines monumentales; les 60,000 restants sont distribués ou doivent être distribués à des particuliers; mais ces quantités sont tout à fait insuffisantes, et les services ne sont que bien incomplétement satisfaits. L'eau ne coule aux fontaines monumentales que pendant une partie du jour, et, aux bornes-fontaines, elle n'est livrée qu'avec réserve. Sur les 56,000 maisons que renferme aujourd'hui l'enceinte de Paris, 21,000 seulement reçoivent de l'eau; 35,000 en sont privées, ou n'ont que de l'eau de puits, et cependant il est reconnu que la privation d'eau, dans toute maison habitée, est une cause d'insalubrité.

Si l'on suppose une population de 1,800,000 âmes, les 153,000 mètres cubes d'eau des deux services ne répondent qu'à 85 litres par tête, tandis qu'à Rome ce chiffre est de. 944
    à New-York (rivière) 568
    à Carcassonne (rivière). 400
    à Besançon (source). 246
    à Dijon (source). 240
    à Marseille (rivière). 186
    à Bordeaux (source). 170

Sur les 85 litres attribués à chaque individu dans l'approvisionnement général, 33 litres sont destinés au service privé. Il est certain que ce service, proprement dit, n'en exige pas autant: mais M. le préfet de la Seine se propose un autre but, il veut que les égouts qu'il construit dans chaque rue reçoivent les immondices des maisons riveraines, et, à cet effet, il se propose d'envoyer dans chacune de ces maisons une quantité d'eau surabondante pour l'usage individuel, mais nécessaire pour chasser les immondices dans l'égout. Après avoir fait contribuer l'air et l'espace à la salubrité de la cité, il veut que l'eau y apporte aussi son contingent. L'administration municipale, en amenant à Paris de l'eau pure et salubre, veut en outre, la faire arriver à une hauteur telle qu'elle puisse monter aux étages supérieurs des maisons des quartiers les plus élevés.

Aux qualités que l'administration exige pour l'alimentation publique, elle rejette immédiatement les eaux de l'Ourcq, toujours plus ou moins troublées par les matières qu'elles tiennent en suspension. Elle rejette également celles de la Seine, qui, d'une qualité meilleure, sont souvent troubles, et ont besoin d'être filtrées. Elles ont d'ailleurs l'inconvénient d'êtres chaudes en été et trop froides en hiver. Ces motifs l'ont conduite à faire rechercher s'il n'y aurait pas, à portée de la capitale, des sources présentant les qualités voulues et pouvant, au moyen d'aqueducs, être amenées à l'altitude désirée.

M. Belgrand, ingénieur en chef du service municipal, et les ingénieurs sous ses ordres, ont, dans ce but, exploré les environs de Paris. Tout d'abord se présentent l'Yvette et la Bièvre; mais leurs eaux, qui tiennent en dissolution de la pierre à plâtre, ne sont pas potables.

Les sources de la vallée d'Yères sont abondantes; mais elles arriveraient à un niveau trop bas.

Plus loin, coulent l'Essone, la Juine et l'Orge. Malheureusement, leurs eaux contractent dans la tourbe, au milieu de laquelle elles jaillissent, un goût désagréable. Elles alimentent d'ailleurs d'importantes usines, pour l'expropriation desquelles de fortes indemnités seraient à payer.

Si l'on s'éloigne à l'occident, on rencontre l'Eure. Ses sources les plus lointaines, sortant de marais et d'étangs, y acquièrent une saveur fâcheuse. Ces sources mêmes, les seules que, vu leur hauteur, on puisse utiliser, arriveraient à un niveau trop bas pour alimenter les quartiers élevés de la rive droite.

En portant leurs investigations vers l'est, contrée dont la composition géologique faisait prévoir que l'on y trouverait de l'eau possédant les qualités requises, les ingénieurs ont, en effet, rencontré sur le plateau élevé de la Brie, vers Château-Thierry, dans le département de l'Aisne, et plus loin, entre Épernay et Châlons, dans la Marne, des sources susceptibles d'être avantageusement amenées dans la capitale.

Malgré cet heureux résultat, ils n'en ont pas moins continué leurs recherches. En remontant la Seine et l'Yonne, ils ont trouvé, à peu de distance de Troyes, des sources abondantes, celles de la Vanne. Celles de l'Aisne et de la Marne leur paraissent cependant préférables, parce qu'elles peuvent être conduites à Paris à un niveau plus élevé. Toutefois, l'administration municipale ne perd pas de vue la Vanne, et la tient en réserve pour des besoins futurs.

Le choix de l'administration municipale s'est, en définitive, fixé sur deux groupes de sources : celui de la Somme et de la Sonde (nous dirons plus loin comment on compte en tirer l'eau) devant produire 60,000 mètres cubes d'eau par jour; celui de la Dhuis et du Surmelin, devant en fournir 40,000 mètres cubes : en tout, 100,000 mètres cubes.

Ces eaux, à leur bonne qualité, joignent l'avantage de pouvoir arriver à Paris : celles du premier groupe à 83 mètres 50 au-dessus du niveau de la mer; celles du second à 108 mètres. Pour faire apprécier cet avantage, nous dirons que le bassin de la Villette, qui reçoit les eaux de l'Ourcq, n'est qu'à 52 mètres, et le réservoir le plus élevé des machines de Chaillot à 75 mètres au-dessus de ce même niveau de la mer.

On se demande d'abord pourquoi aller chercher de l'eau en Champagne, quand on a sous la main la Seine, dont nos pères se sont contentés, et qui nous alimente encore aujourd'hui? La plupart des grandes villes ne sont-elles pas alimentées par les fleuves et les rivières au bord desquelles elles sont assises?

A cela on répond que prendre l'eau de la Seine dans l'intérieur de Paris, comme on l'a fait jusqu'à présent, est impossible, qu'il faut aller la chercher en un point où elle n'est point souillée. Mais, dit le préfet, jusqu'où faudra-t-il remonter la rivière? Déjà, pour bien faire, il faudrait aller au delà de Choisy ; car là elle reçoit les déjections des usines et de la gare établies dans cette commune ; et qui peut dire si, lorsque la prise d'eau sera faite, de nouvelles usines établies sur les bords du fleuve ne viendront pas forcer à la porter plus loin ? Il ne faut pas oublier qu'une telle prise d'eau exige de grands et coûteux travaux, soit pour son installation, soit pour amener les eaux au sein de la capitale.

Malgré ces objections, les projets n'ont pas manqué pour tirer parti d'un moyen d'alimentation dont la simplicité frappe tous les esprits.

Pourquoi, a-t-on dit d'abord, ne pas utiliser la force que fournit la chute d'eau du pont Neuf ? On a là une nappe tombant jour et nuit en pure perte. Un projet a été présenté dans le but d'en tirer parti ; mais, pour avoir de l'eau pure, il faudrait mettre le moteur en communication avec une prise d'eau placée au loin. Un vaste bâtiment viendrait masquer le terre-plein du pont Neuf et gâterait le bel ensemble de cette partie de la capitale. D'ailleurs, la chute s'efface dans les grandes eaux. Ce double motif a engagé le pouvoir municipal à écarter ce projet. Il ne renonce pas toutefois à se servir un jour du moteur qui reste à sa disposition.

Un autre projet plus complet, devant fournir les 100,000 mètres cubes d'eau exigés, a été dressé par un habile ingénieur. Les machines, placées au pont d'Ivry, doivent élever l'eau, la filtrer, la rafraîchir et la refouler dans des conduites jusqu'à des réservoirs placés à des altitudes convenables. Le conseil municipal, dont notre honorable collègue, M. Dumas, a été l'organe, a douté qu'il fût possible de filtrer et de rafraîchir 100,000 mètres cubes d'eau par jour. Il a objecté que ce projet supposait une parfaite stabilité dans des machines qui sont cependant sujettes à de nombreuses chances de dérangement. Depuis 1854, époque à laquelle les nouvelles machines de Chaillot ont été installées, leur marche, par suite d'accidents, a été interrompue neuf fois.

On peut, il est vrai, doubler le nombre de ces machines

pour en avoir de rechange. On l'a triplé à Londres. Mais ce moyen même ne paraît pas au conseil municipal affranchir complétement de chances d'interruption un service dont la régularité est la base.

Cette considération et celle de la dépense annuelle à laquelle les machines donnent lieu ont déterminé ce conseil à donner la préférence à un procédé indépendant de changements et de remplacements de machines, et qui dispenserait de grever, chaque année, le budget de la ville d'une somme considérable. Un aqueduc lui a paru le meilleur moyen de résoudre la question ; en pareil cas, les aqueducs de Rome viennent à la mémoire. Construits depuis deux mille ans, ils amènent encore, sans soins et sans dépenses, une eau plus abondante que n'en reçoit aucune ville moderne.

Après la Seine est venue la Loire. Un ingénieur a proposé d'amener à Paris, par un vaste canal, non pas 100,000 mètres cubes d'eau par vingt-quatre heures, mais 1,296,000, ce qui correspond à 15 mètres par seconde. Or, j'ai constaté qu'à l'étiage il ne passe que 22 mètres cubes d'eau par seconde, sous les murs d'Orléans. Ainsi, cet ingénieur malavisé mettrait, à partir de sa prise d'eau, la Loire à peu près à sec jusqu'au premier confluent important, une partie de l'année. Ce projet ne mérite pas l'examen. Un autre ingénieur dérivait 500,000 mètres cubes d'eau. Son projet, étudié consciencieusement par les ingénieurs du service municipal, et réduit de manière à n'emprunter à la Loire que 100,000 mètres, a été estimé devoir coûter 44 millions. A la considération de cette dépense, qui dépasse celle des projets de la Champagne et de l'élévation de l'eau de la Seine, il faut ajouter que, d'après l'expérience, l'eau de la Loire n'est pas filtrable, surtout en grandes masses, pendant cinq ou six mois de l'année. Ces motifs ont fait rejeter le projet.

Il ressort de la discussion précédente que deux moyens d'alimentation restent en présence : les eaux de la Champagne et celles de la Seine. Les premières l'emportent par la

pureté et la constance dans la température : cependant, on
ne peut pas dire que les eaux de la Seine, prises en un point
convenable, ne sont pas salubres. Londres, New-York, Lyon,
sont alimentées par les fleuves sur le bord desquels ces villes
sont situées.

L'un des principaux éléments de la question est la dépense.
L'examen des deux projets, sous ce rapport, conduit aux
résultats suivants :

Considérons d'abord les dérivations. Les 100,000 mètres
cubes d'eau demandés proviendront, comme nous l'avons dit,
de deux groupes : celui de la Somme et de la Sonde, dont le
produit ne sera extrait d'aucune de ces deux rivières, mais
de la nappe qui les alimente et qu'on suppose devoir s'élever
à 60,000 mètres cubes d'eau par jour : celui de la Dhuis et
du Surmelin devant fournir 40,000 mètres cubes.

Un aqueduc spécial amènera les eaux de ces deux dernières
rivières à un réservoir construit à Ménilmontant, et dont le
plan d'eau sera tenu à 108 mètres au-dessus du niveau de la
mer ; c'est-à-dire à l'énorme hauteur de 56 mètres au-dessus
du bassin de la Villette. L'ensemble des travaux concernant
ce groupe est évalué à 14 millions.

Ceux relatifs à la dérivation des sources de la Champagne
sont portés à 24 millions, de sorte que les 100,000 mètres
cubes d'eau reviendraient à 38 millions. Ce chiffre contient
des sommes à valoir telles, qu'il n'est pas à craindre que l'es-
timation soit dépassée. On sent qu'avec une pareille dépense
appliquée à près de 400 kilomètres (100 lieues) d'aqueducs,
l'on n'aura pas des travaux gigantesques, comme ceux des
Romains ; les aqueducs, le plus souvent cachés sous le sol, et
ce sera un bien pour le pays traversé, seront construits avec
la plus grande économie.

Le projet relatif à l'élévation de l'eau de la Seine a été, de
son côté, l'objet des études des ingénieurs du service municipal. Ils placent la prise d'eau au Port-à-l'Anglais, au-dessus
du confluent de la Seine et de la Marne ; là, ils établissent

vingt-six machines dont treize fonctionnant et treize de supplément; pour rendre les deux projets comparables, ils élèvent l'eau à la même altitude que celle à laquelle on fait arriver les dérivations; auparavant, ils la soumettent au filtrage, mais ils ne se dissimulent pas qu'il est bien difficile, sinon impossible, de filtrer 100,000 mètres cubes d'eau par jour.

La dépense première de ce projet monterait à 22 millions; les frais annuels sont évalués à 1,250,000 francs, représentant un capital de 25 millions; de sorte qu'il faudrait compter, pour l'exécution du projet de la Seine, sur une somme de 47 millions. Sous le rapport de la dépense, le projet des dérivations est donc préférable. Le conseil municipal, par ce motif et par ceux que nous avons rapportés plus haut, a voté ce projet à l'unanimité.

Les fonds sur lesquels naissent la source de la Dhuis et une partie de celles du Surmelin ont été achetés par la Ville de Paris. Un décret, déclaratif d'utilité publique, a été rendu, le 4 mars dernier, pour autoriser l'expropriation des terrains nécessaires à la construction de l'aqueduc qui doit conduire à Paris les eaux de la Dhuis.

Quant à la Somme et à la Soude, il ne s'agit, comme nous l'avons dit, de prendre aucune de ces deux rivières, mais de puiser l'eau nécessaire dans la nappe qui les alimente. Cette nappe est formée par les pluies qui, après avoir traversé la craie tendre, est arrêtée par un banc de craie marneuse compacte. Son existence semble prouvée par les sources qui se montrent dans la vallée dont la plaine est coupée, et par la profondeur où se tient l'eau des puits de la contrée.

C'est l'existence de cette nappe d'eau, et rien autre chose qu'il s'agit aujourd'hui de constater. Les pétitionnaires s'opposent à ce que, même constatée, cette nappe d'eau fournisse les 60,000 mètres cubes d'eau qu'on lui demande pour la Ville de Paris. Ils craignent que les sources de leurs rivières n'en soient affaiblies.

Nous ne nous dissimulons pas combien la question est délicate. Lorsqu'on prend un ruisseau ou une rivière pour l'envoyer, au moyen d'une rigole, alimenter une ville ou le bief de partage d'un canal, on sait parfaitement ce qu'on fait ; on indemnise les propriétaires situés au-dessous de la prise d'eau, dont les droits sont reconnus; mais on ignore l'influence d'une prise d'eau faite dans une nappe souterraine. En supposant cette nappe même abondante, les rivières immédiatement alimentées par elles n'auront-elles pas leur débit diminué? N'en sera-t-il pas de même de celles, plus ou moins éloignées, dont les sources se trouvent à un niveau inférieur? Comment se comportera l'eau dans les puits de la contrée? L'aridité du sol de la Champagne, déjà si grande, n'en sera-t-elle pas augmentée? Une nappe d'eau souterraine, avec les conséquences possibles que nous venons de dire, ne pouvant, d'ailleurs, être définie, est-elle une chose susceptible d'expropriation?

On est ici sur un terrain où il ne faut marcher qu'avec une extrême prudence, c'est ce que fait l'Administration. M. le préfet de la Seine a demandé à constater l'existence de la nappe souterraine par une tranchée ouverte loin des sources de la Somme et de la Soude. M. le Ministre de l'agriculture, du commerce et des travaux publics, en ordonnant une enquête à ce sujet, a écrit à M. le préfet de la Marne :

« Vous voudrez bien remarquer, Monsieur le Préfet, qu'il
« ne s'agit, quant à présent, que de simples travaux de recher-
« ches, afin de s'éclairer sur l'importance des nappes d'eau
« souterraines, et que, dans toute hypothèse, ce ne sont que les
« eaux surabondantes qui seront amenées à Paris, s'il y a lieu.
« Ces travaux de recherches, si l'utilité publique est déclarée,
« seront faits avec le plus grand soin, sous la surveillance des
« ingénieurs du service municipal et de M. Dugué, ingénieur en
« chef de votre département; les résultats des travaux seront
« constatés par les ingénieurs des deux services.

« Tous les intérêts et tous les droits seront, de cette ma-
« nière, sauvegardés. »

Le résultat de l'enquête, dont en ce moment on dépouile les pièces, n'est pas encore connu.

Nous avons rapporté les paroles rassurantes de M. le ministre de l'agriculture, du commerce et des travaux publics ; nous ajouterons que l'utilité publique des travaux de la tranchée ne sera déclarée, et que ces travaux ne pourront être entrepris qu'en vertu d'un décret délibéré en conseil d'État.

Mais ce n'est pas tout : la tranchée ouverte et la nappe d'eau découverte, des précautions seront prises pour conserver la Somme et la Soude telles qu'elles sont. A cet effet, des jaugeages préliminaires de ces deux rivières seront faits, et si, dans le courant de l'expérience, qui consistera à extraire l'eau au moyen d'une machine d'épuisement, on s'aperçoit que leur débit diminue, l'action de la machine sera immédiatement arrêtée.

Jusqu'à présent, nous n'avons fait qu'exposer la marche de l'instruction dans l'affaire de la Somme-Soude ; nous avons indiqué comment aurait lieu l'exécution des travaux. Il nous reste à répondre aux arguments sur lesquels s'appuient les pétitionnaires. Nous allons le faire à propos des pétitions relatives à la Dhuis et au Surmelin, car ces arguments sont partout à peu près les mêmes.

En thèse générale, les pétitionnaires soutiennent, comme nous l'avons dit au commencement de ce rapport, que les dérivations projetées n'ont pas le caractère d'une entreprise d'utilité publique, attendu qu'une telle entreprise doit être profitable à tous, et que les dérivations ne sont faites que dans l'intérêt d'une seule ville. Ils disent encore qu'un département ne peut exercer le droit d'expropriation que dans les limites de sa circonscription ; qu'il en est de même d'une commune. Viennent ensuite les plaintes relatives à chaque localité.

L'affaire de la Dhuis et du Surmelin est toute différente de celle de la Somme-Soude. La Ville de Paris a acheté la source unique de la première de ces rivières et quelques-unes de celles de la seconde. Le Surmelin et la Dhuis coulent sur le plateau de la Brie, où, contrairement à ce qui se passe dans la plaine de la Champagne, les sources sont fréquentes. Le Surmelin se jette dans la Marne après une course d'une trentaine de kilomètres (sept à huit lieues). La Dhuis, qui n'a qu'une dizaine de kilomètres de longueur, tombe dans le Surmelin à peu de distance de son confluent avec la Marne.

Passant à la discussion, nous dirons que le droit qu'a toute agglomération considérable d'habitants de pourvoir à ses besoins n'a jamais été contesté ; il est consacré par de nombreux exemples.

Les dérivations sont fréquemment employées pour amener à une ville l'eau dont elle a besoin. Nous distinguons deux choses dans une dérivation : d'abord, la dérivation proprement dite, ou le détour de l'eau, et ensuite le moyen de conduire cette eau à tel point déterminé, soit un canal, soit un aqueduc. Ici, nous n'avons point à examiner le détour de l'eau, puisque les sources sont achetées. Nous n'avons qu'à rechercher si la Ville de Paris a le droit d'établir l'aqueduc qui doit amener dans son sein les eaux de la Dhuis et du Surmelin. On a parlé de l'expropriation des sources ; l'on voit que nous n'avons point à nous occuper de cette question. Nous dirons cependant que, dans notre opinion, elle ne pourrait avoir lieu que dans quelque circonstance exceptionnelle, dans celle, par exemple, où une ville n'aurait pas d'autre moyen de s'alimenter d'eau qu'une source voisine.

Les exemples ne nous manqueront pas pour établir le droit de la Ville de Paris. Les dérivations sont nombreuses en France. Elles ont, en général, été exécutées en vertu d'un arrêté, d'une ordonnance ou d'un décret déclaratifs d'utilité publique. Celle de l'Ourcq, par exemple, dont nous avons parlé au commencement de ce rapport, a été entreprise en conséquence d'un arrêté du Gouvernement du 25 thermidor an X (13 août 1802). Cette dérivation a pris l'Ourcq tout entier, sans rien laisser couler à l'aval de la prise d'eau. C'est le cas d'une source entière détournée.

Nous citerons deux autres exemples plus récents. Une loi, datée du 14 juillet 1838, a autorisé la ville de Marseille à dériver de la Durance 5 mètres 75 cubes d'eau, et la ville d'Aix à en dériver 1 mètre 50 du Verdon. Le canal qui conduit à Marseille l'eau de la Durance, traverse le département des Bouches-du-Rhône dans toute sa largeur. Il a fallu, pour l'ouvrir, accorder à la ville de Marseille le droit d'exproprier les terrains qui se trouvent sur son trajet. La ville d'Aix a différé jusqu'à présent de profiter de la loi de 1838. Elle se dispose aujourd'hui à faire la dérivation ; mais la prise d'eau étant dans les Basses-Alpes, il faudra que le décret l'autorise à exproprier dans ce département comme dans celui des Bouches-du-Rhône.

Pour les irrigations, comme pour l'alimentation des villes, des décrets déclaratifs d'utilité publique sont rendus. On va à 20, 30 kilomètres emprunter à une rivière l'eau nécessaire, et cette eau passe sur le territoire des communes où l'expropriation a eu lieu, sans aucun profit pour elles.

Quant à ce que les pétitionnaires disent de l'obligation imposée à tout département, à toute commune, de se renfermer dans leur circonscription, nous dirons que c'est par une fausse interprétation qu'ils l'appliquent aux travaux du genre de ceux que nous considérons ; ces circonscriptions concernent les pouvoirs administratif et judiciaire, et nullement un canal ou un aqueduc qui s'étend forcément sur plusieurs communes et même sur plusieurs départements. Le canal de l'Ourcq en traverse cinq.

Il résulte des exemples que nous venons de citer que le décret du 4 mars dernier, déclarant d'utilité publique les tra-

vaux de l'aqueduc destiné à amener les eaux de la Dhuis et
du Surmelin, a été dûment rendu.

A propos de cet aqueduc, nous ferons une observation qui
nous paraît de quelque importance, et que nous croyons propre à rassurer, dans une certaine mesure, les riverains du
Surmelin qui voient leur rivière supprimée. Il doit donner
passage à 40,000 mètres cubes d'eau par jour, c'est-à-dire à
470 litres par seconde. On craint que, plus tard, on augmente
ce débit. Ses dimensions, dit-on, paraissent s'y prêter. Ce
qui règle le débit de cet aqueduc, c'est la pente qu'on a été
obligé d'adopter pour arriver à Paris à l'altitude convenable,
pente qui ne peut être changée. La Dhuis doit fournir
28,000 mètres cubes par jour; la part du Surmelin se réduit
à 12,000, c'est-à-dire à moins de 150 litres par seconde;
ce sera le produit des quelques sources achetées; les autres doivent donner davantage, car on ne peut penser que 150 litres
par seconde composent la principale partie d'une rivière qui,
même à son origine, fait tourner plusieurs moulins. Comme
dans son cours elle reçoit plusieurs sources, on s'apercevra
probablement très-peu, dans sa partie inférieure, et même
dans sa partie intermédiaire, du moins nous l'espérons, que
quelques-unes des sources supérieures en auront été distraites.

Un second aqueduc, de faible dimension, conduira l'eau
des sources achetées du Surmelin à celui de la Dhuis. Une
enquête devra être ouverte pour cette construction.

Nous avons examiné les pétitions relatives aux deux groupes de sources : celui de la Somme et de la Sonde, celui de
la Dhuis et du Surmelin. Il ne nous reste qu'à conclure.

Considérant que l'instruction de ces deux affaires n'est pas
terminée, l'Administration supérieure n'ayant pas encore
autorisé l'ouverture de la tranchée destinée à constater l'existence de la nappe d'eau souterraine qui doit fournir une partie des eaux destinées à l'alimentation de Paris, et qu'une

2

enquête doit être ouverte pour la construction du petit aqueduc qui doit conduire à celui de la Dhuis l'eau des sources
achetées du Surmelin, nous avons l'honneur de vous proposer
le renvoi de toutes les pétitions à M. le Ministre de l'agriculture, du commerce et des travaux publics.

DÉLIBÉRATION DU SÉNAT.

Dans la séance du 19 mai 1862, les conclusions de la
Commission ont été adoptées.

(*Moniteur universel*, année 1862, n° 140. 20 mai.
Page 726).

SÉNAT.

SESSION DE 1862.

Séance du mercredi 14 mai 1862.

Moniteur universel. — Année 1862. — N° 135. — 16 mai. — Page 702.

RAPPORT

Fait par M. MALLET, au nom de la 1re Commission des pétitions (1), sur des pétitions qui dénoncent comme inconstitutionnel un décret, rendu le 4 mars dernier, approbatif des travaux à faire pour la dérivation des travaux de la Dhuis.

MESSIEURS LES SÉNATEURS,

(N° 559.) Le sieur Thiénot, notaire à Montmirail, dénonce comme inconstitutionnel un décret, rendu le 4 mars dernier, approbatif des travaux à faire pour la dérivation des sources de la Dhuys.

— (N° 560.) Cent soixante habitants de Pargny et de Montlevon (Aisne), font la même dénonciation.

---

(1) Cette commission était composée de MM. le baron DUPIN, *président*, LE VERRIER, DE GOULHOT DE SAINT-GERMAIN, le baron DE VINCENT, *secrétaire*, FERDINAND BARROT, le général marquis DE GROUCHY, BONJEAN, le comte DE BEAUMONT, DUMAS, MALLET, *rapporteur*.

Ce décret est ainsi conçu :

ART. 1er. « Est approuvé le projet des travaux à faire pour la dérivation des sources de la Dhuis, conformément à l'avant-projet et au plan ci-dessus visés, en date des 18-22 décembre 1860, qui demeureront annexés au présent décret. »

ART. 2. « Les travaux mentionnés à l'article 1er sont déclarés d'utilité publique. La Ville de Paris est autorisée à poursuivre l'expropriation des bâtiments et des terrains nécessaires à l'exécution desdits travaux, en se conformant aux dispositions de la loi du 3 mai 1841. »

Il est bien évident qu'il ne s'agit ici que des travaux de l'aqueduc qui doit conduire à Paris les eaux de la Dhuis ; le sieur Thiénot y voit la dérivation même de cette rivière. Or, cette dérivation n'est pas en question, puisque le fonds sur lequel naît la Dhuys a été acheté par la Ville de Paris. Le propriétaire de ce fonds a pu le vendre, conformément au droit que lui en donne l'article 651 du Code Napoléon.

Le sieur Thiénot dit qu'une source peut d'abord ne pas être indispensable à la boisson d'une commune et ensuite le devenir. Il conclut de là que dériver la Dhuis, c'est violer l'article 643 du Code Napoléon. L'article 643 ne se prête nullement à l'interprétation que lui donne le sieur Thiénot ; relatif seulement aux besoins actuels des habitants de la commune, il ne parle point de leurs besoins futurs. Cet article n'est donc pas violé.

Suivant le pétitionnaire, les pouvoirs délégués aux agents communaux et départementaux ne peuvent être exercés que dans la circonscription de la commune et du département. En conséquence, tout fait d'extranéité territoriale constitue une usurpation de pouvoirs et demeure sans effet légal ; dès lors, comment justifier le droit revendiqué par la Ville de Paris de déposséder les individus étrangers à sa juridiction ? Les droits d'une commune quelconque sont aussi sacrés que ceux de la commune de Paris. Ce n'est pas la quantité plus ou moins grande d'individus agglomérés qui constitue un motif suffisant de porter atteinte au droit sacré de propriété. A l'appui de cette opinion, le sieur Thiénot cite l'article 12 de la loi du 3 mai 1841, qui établit une marche particulière pour le cas où l'expropriation est demandée par une commune ou dans un intérêt communal. M. le Préfet de la Seine peut faire l'instruction nécessaire à une expropriation dans sa juridiction, mais désigner, dans le département de la Marne, les terrains sur lesquels doit passer l'aqueduc est un fait d'extranéité.

Avec une pareille théorie, il n'y aurait pas de dérivations possibles. Pour le canal de l'Ourcq, on a dû exproprier dans l'Aisne, l'Oise, Seine-et-Marne, Seine-et-Oise, aussi bien que dans la Seine. Marseille a été autorisée à exproprier les terrains des nombreuses communes qui la séparent de sa prise d'eau dans la Durance. Aix va l'être à faire des expropriations dans les Basses-Alpes, pour aller y chercher le Verdon. A Dijon, on a exproprié hors de la commune. De même au Havre.

Le sieur Thiénot, avec son principe de chacun chez soi, chacun pour soi, ne condamne pas seulement l'alimentation des villes, il condamne également l'arrosement des campagnes, et cet intérêt n'est pas moins grand que l'autre. L'irrigation intéresse une grande partie de nos départements, particulièrement ceux du midi. Les départements des Bouches-du-Rhône et de Vaucluse, ceux qui longent les Pyrénées, sont sillonnés de canaux qui portent avec eux la fertilité. Dans les localités où les avantages de l'irrigation sont bien compris, des canaux très-importants ont pu s'exécuter en vertu de transactions volontaires; mais lorsque des oppositions se présentent, l'utilité publique est déclarée, et un article du décret porte que les concessionnaires sont subrogés aux droits de l'État pour les expropriations nécessaires au passage du canal. Il arrive que des communes sont traversées par des rigoles d'alimentation, sans aucun profit pour elles.

A propos des irrigations, le sieur Thiénot dit que chaque

commune qui n'a pas d'eau naturelle sur son terrain peut y faire surgir des eaux artificielles. Il ignore que bien peu de contrées ont cet avantage ; que d'ailleurs les cours d'eau qui alimentent les puits artésiens ne sont pas inépuisables ; l'influence du puits de Passy sur le puits de Grenelle en est la preuve évidente.

En accordant aux centres de population le droit de s'alimenter, le Gouvernement a dû les mettre à même de l'exercer. Qui veut la fin veut les moyens. La jurisprudence en cette matière est bien établie, et c'est d'après cette jurisprudence que nous disons que le décret du 4 mars dernier, attaqué comme inconstitutionnel par le sieur Thiénot, a été bien et dûment rendu.

Nous avons l'honneur de proposer la question préalable.

DÉLIBÉRATION DU SÉNAT.

Dans la séance du 19 mai 1862, la question préalable a été rejetée à une grande majorité. — En conséquence, la pétition a été renvoyée dans les bureaux pour la nomination d'une Commission spéciale.

(*Moniteur universel*, année 1862, n° 140. 20 mai. Page 727).

SÉNAT.

SESSION DE 1862.

Séance du mercredi 18 juin 1862.

Moniteur universel.— Année 1862.—N° 170. — 19 juin. — Pages 892 et 893.

RAPPORT

Fait par M. de ROYER, au nom de la Commission spéciale (1)
chargée d'examiner des pétitions qui dénoncent comme
inconstitutionnel un décret rendu, le 4 mars dernier, pour
autoriser les travaux à faire pour la dérivation des sources de la Dhuis.

MESSIEURS LES SÉNATEURS,

Les réclamations qui vous ont été adressées contre les
divers projets de dérivation d'eaux de source que l'administration de la Ville de Paris a fait étudier sont de deux
natures.

Les unes, opposant aux besoins et aux intérêts de la capitale de l'Empire les besoins et les intérêts de l'agriculture,
des irrigations et de tout ce qui constitue la vie rurale, se
bornent à exprimer leurs craintes et s'en remettent avec

---

(1) Cette commission était composée de MM. DE ROYER, *président et
rapporteur*, LEBRUN, le comte DE CASABIANCA, DE FORCADE LA ROQUETTE,
MALLET, LE ROY DE SAINT-ARNAUD, DUMAS, le marquis DE LA GRANGE,
LEFEBVRE-DURUFLÉ, *secrétaire*.

confiance à la justice d'un Gouvernement qui entend respecter tous les droits, qui veut partout le bien-être du peuple
et qui poursuit l'amélioration des campagnes avec autant de
fermeté que la transformation des villes (1). Vous avez donné,
dans votre séance du 19 mai dernier, un témoignage non
équivoque de l'attention et de l'intérêt que vous accordez à
ces légitimes préoccupations, en renvoyant, sur le rapport
de l'honorable M. Mallet, au Ministre de l'agriculture, du
commerce et des travaux publics, neuf pétitions relatives
soit au projet de recherche des eaux souterraines des vallées
de la *Somme* et de la *Soude* (Marne) (2), soit aux projets de
dérivation des sources du *Surmelin* (Marne) (3) et de la
Dhuis (Aisne) (4).

D'autres pétitions, procédant d'un ordre d'idées différent
et s'adressant à l'un des plus graves pouvoirs que la Constitution ait remis entre vos mains, vous dénoncent, comme
inconstitutionnel, le décret impérial du 4 mars 1862, qui a
approuvé et déclaré d'utilité publique les travaux à faire pour
la dérivation des sources de la Dhuis dans l'intérêt de l'alimentation de la Ville de Paris. Vous avez voulu, dans les
termes de votre Règlement, que la question fût l'objet d'un
examen approfondi. C'est le résultat de cet examen que la
commission spéciale, nommée par vos bureaux, m'a chargé
de vous présenter.

Aux pétitions du sieur Thiénot, notaire à Montmirail, et
de cent soixante habitants des communes de Pargny et de
Montlevon (nos 559 et 560), dont le texte imprimé est sous
vos yeux, sont venues se joindre, à la date des 15, 19 mai et
6 juin, trois autres pétitions formulant la même dénonciation
et signées par environ trois cents habitants de diverses com-

---

(1) Lettre de l'Empereur au Ministre de l'intérieur du 18 août 1861.
(2) Nos 124 et 455.
(3) Nos 238, 601, 602, 627 et 627 *bis*.
(4) No 591.

munes du canton de Condé-en-Brie, arrondissement de Château-Thierry (Aisne) (n°ˢ 640,641,679).

Sans revenir sur tous les détails déjà si nettement exposés par le premier rapport de **M**. Mallet, il convient de rappeler quelques faits qui expliquent l'origine du décret du 4 mars et qui servent à en déterminer l'application, le caractère et les limites.

Personne ne conteste que les 153,000 mètres cubes d'eau dont la Ville de Paris peut disposer par vingt-quatre heures (1), et dont plus de la moitié est absorbée par les services publics, ne représentent un volume d'eau insuffisant pour une population que l'extension des limites de Paris (2) a portée de 1,174,346 habitants (3) à 1,696,141 (4).

Le préfet de la Seine évalue à 200,000 mètres cubes par jour le volume d'eau qui serait actuellement nécessaire pour assurer l'ensemble de la consommation normale (5).

Trois projets ont été sérieusement étudiés de 1855 à 1862 : l'un, celui de l'administration municipale, ayant pour but d'amener à Paris, à une altitude qui a varié de 83 mètres 50 cent. à 108 mètres, des eaux de *sources dérivées* ; un autre tendant à faire arriver aux environs de Bicêtre 500,000 mètres cubes d'eau de la *Loire*, détournés au-dessus de Bonny ou de la Celle-sous-Cosne ; un troisième, qui consisterait à puiser dans la *Seine*, avant qu'elle ait reçu la Marne, 100,000 mètres cubes d'eau, par vingt-quatre heures, à l'aide de vingt-six machines à vapeur installées en amont d'Ivry et du Port-à-l'Anglais.

_____

(1) Rapport de la commission d'enquête de la Seine, présidée par M. Élie de Beaumont, du 29 juin 1861, p. 2 et 7. — 1ᵉʳ rapport de M. Mallet, p. 6.

(2) Loi du 16 juin 1859.

(3) Recensement de 1856.

(4) Recensement de 1861.

(5) 1ᵉʳ mémoire, 4 août 1854, page 50. — 3ᵉ mém., 20 avril 1860, page 308.

Le conseil général des ponts et chaussées, qui avait provoqué l'étude des deux derniers systèmes (1) et le conseil municipal de Paris ont été, l'un et l'autre, d'avis « d'écarter,
pour les usages domestiques, le projet de dérivation de la
Loire et le projet d'élévation des eaux de la *Seine*, comme ne
satisfaisant pas aux conditions du programme et ne fournis-
sant pas les moyens de distribuer à la population de Paris
des eaux limpides et fraîches (2). »

Le projet de dérivation des eaux de *source* a prévalu, mais
il s'est modifié.

Le système d'un seul aqueduc de 253,293 mètres qui réu-
nirait les eaux empruntées aux vallées de la Somme et de la
Soude, et les sources intermédiaires du Surmelin et de la
Dhuis, pour les conduire sur la butte de Belleville, à 83 mèt.
50 cent. au-dessus du niveau de la mer, est aujourd'hui
abandonné.

L'éventualité de la dérivation des eaux de la Somme et de
la Soude avait provoqué dans ces contrées, où les cours d'eau
sont rares et où la Ville de Paris n'est propriétaire d'aucune
source, non pas une opposition violente, comme on l'a dit à
tort (3), mais les réclamations les plus persévérantes et les
plus autorisées (4). Ainsi que l'établit le rapport de M. Mal-

---

(1) Avis du 9 mai 1859.

(2) Conseil général des ponts et chaussées. — Avis du 18 novembre
1860. — La délibération du conseil municipal, du 18 mai 1860, re-
pousse en outre : 1° le projet de dérivation des eaux de la Loire parce
que, réduit à 100,000 mètres cubes par jour, il imposerait une dépense
de 44 millions pour amener à Paris des eaux chargées d'un sable jaune
et abondant et infiltrables pendant plusieurs mois de l'année; 2° le
projet d'élévation des eaux de la Seine, parce qu'il aurait le double
inconvénient de subordonner la principale alimentation de Paris au
fonctionnement de machines exposées à de fréquents accidents et d'imposer pour ce service défectueux une première dépense de 22 millions et un entretien annuel de 1,248,000 francs représentant un capital
de 25 millions.

(3) Figuier. *Les eaux de Paris*, p. 202.

(4) Voir notamment les délibérations du conseil général de la Marne.

let, la prise d'eau qu'il s'agirait de faire dans ces vallées ne devrait plus désormais s'adresser aux sources ni aux rivières, mais aux eaux surabondantes d'une nappe souterraine dont l'existence n'est pas encore constatée. Il n'y a eu jusqu'ici de soumis à l'enquête que des travaux de recherches destinés à vérifier l'importance de cette nappe souterraine, et circonscrits de façon à respecter le débit des sources et à sauvegarder tous les intérêts et tous les droits (1). Ces expériences préalables ne pourraient, dans tous les cas, être entreprises qu'en vertu d'un décret qui les aurait déclarées d'utilité publique.

Le projet d'un aqueduc unique, partant des vallées de la Somme et de la Soude, étant ainsi abandonné par diverses causes, on en a détaché le projet d'un aqueduc spécial de 139,207 mètres, destiné à amener chaque jour à Paris, dans un réservoir construit à Ménilmontant, à une hauteur de 108 mètres au-dessus du niveau de la mer, environ 40,000 mètres cubes d'eau provenant des sources de la Dhuis et ultérieurement de celles du Surmelin.

M. Mallet vous disait avec raison : La question de la dérivation de la Dhuis et du Surmelin est toute différente de celle de la dérivation de la Somme-Soude (2).

Il faut ajouter, pour dégager de plus en plus la question, que la dérivation de quelques-unes des sources du Surmelin n'est pas au même degré d'instruction administrative que la dérivation des sources de la Dhuis.

Par acte passé, le 29 juillet 1859, devant Me Barbier, notaire à Artonge, le préfet de la Seine a acheté, des époux Brajon, au nom de la Ville de Paris, moyennant le prix de

du 5 mars 1855, de 1857 et 1858, des 20 août 1859, 27 août 1860 et 2 septembre 1861.

(1) Lettre du Ministre des travaux publics du 15 avril 1861. — 1er rapp. de M. Mallet, pages 20 et 21.

(2) 1er rapport, p. 22.

65,000 fr., un terrain d'environ cinq hectares, situé sur le territoire de la commune de Pargny, et dans lequel jaillissent les trois principales sources de la Dhuis (1), le débit *minimum* de ces sources est évalué à 26,000 mètres cubes d'eau par vingt-quatre heures (2).

Par deux autres actes notariés des 30 et 31 juillet 1859, le Préfet de la Seine a acquis, au même titre, pour le prix de 12,100 fr., plusieurs des sources du Surmelin, qui forment le ruisseau de Mardelles et qui sont situées sur le territoire des communes de Congy et de Montmort (Marne). Le débit *minimum* de ces dernières sources est évalué à 4,000 mètres cubes par vingt-quatre heures (3).

La Ville de Paris est donc aujourd'hui propriétaire des sources de la Dhuis et d'une partie des sources du Surmelin (4). Mais les eaux que fournira le Surmelin ne pourront être amenées dans l'aqueduc de la Dhuis que par un petit aqueduc d'embranchement d'environ 20 kilomètres, qui ne figure pas au plan annexé au décret du 4 mars, et dont l'établissement demeure soumis à une enquête et à une déclaration d'utilité publique spéciales (5). Les explications de MM. les Ministres, Commissaires du Gouvernement ont surabondamment confirmé sur ce point les indications qui résultent du projet soumis aux enquêtes, du plan et des termes du décret.

Ces points établis, qu'a fait le décret du 4 mars 1862, dont le texte est sous vos yeux ?

Il a déclaré d'utilité publique les travaux à faire pour la

---

(1) La Dhuis, dont le cours est de 8 à 10 kilomètres, se jette dans le Surmelin, au-dessus de Condé, après avoir reçu les eaux du Verdon.

(2) Rapport de la commission des inspecteurs généraux du 14 octobre 1861.

(3) Même rapport.

(4) Le Surmelin, dont le cours a de 30 à 35 kilom., se jette dans la Marne en amont de Mézy.

(5) 1er rapport de M. Mallet, p. 25.

dérivation des sources de la Dhuis, dans l'intérêt de l'alimentation de la Ville de Paris (art. 2).

Il a approuvé le projet et le plan de ces travaux dont la dépense d'abord évaluée à 18 millions, paraît devoir se réduire à 14 millions (art. 1er).

Il a autorisé la Ville de Paris à poursuivre, conformément à la loi du 3 mai 1841, l'expropriation (non pas des eaux à dériver, elle en est propriétaire, *mais des bâtiments et des terrains* nécessaires à l'exécution de ces travaux (art. 2).

Ce décret est-il inconstitutionnel, comme le soutiennent les pétitionnaires qui vous le dénoncent ?

C'est ce que vous avez à apprécier.

Pour qu'un décret puisse être annulé par vous, dans les termes de l'article 29 de la Constitution, il faut qu'il ait violé soit un article de la Constitution ou des sénatus-consultes qui la complètent, soit un des principes que le Sénat est chargé de préserver de toute atteinte (Constitution, art. 1, 25 et 26). Personne ne songe à affaiblir la portée de ces garanties protectrices de tous les droits ; mais votre sagesse et votre indépendance ne permettraient pas qu'on en exagérât l'application.

Le texte des pétitions renvoyées à la Commission vous est connu. Les griefs relevés par elles contre le décret du 4 mars dernier ont déjà fait l'objet d'un rapport sommaire. Ils peuvent se formuler ainsi :

1° Le décret aurait violé l'article 4 du sénatus-consulte du 25 décembre 1852, modificatif de la Constitution du 14 janvier, en appliquant la déclaration d'utilité publique, et par suite le régime de l'expropriation à des cas non prévus par la loi du 3 mai 1841 ;

2° Il porterait atteinte à l'inviolabilité de la propriété spécialement garantie par l'article 26 de la Constitution.

Les pétitionnaires essayent de justifier ces deux griefs par des considérations dont voici l'analyse :

Il est hors de contestation que l'article 4 du sénatus-con-

sulte du 25 décembre 1852 a conféré à l'Empereur le pouvoir d'ordonner, et d'autoriser, par décret rendu en Conseil
d'État, les grands travaux publics pour lesquels les lois des
7 juillet 1833 et 3 mai 1841 (art. 3, § 1) exigeaient l'intervention de la loi. Mais ce pouvoir trouve sa limite dans la loi
du 3 mai 1841, que l'article du Sénatus-consulte a pris soin
de rappeler, et il ne saurait s'étendre à des cas non prévus
par cette loi.

A ce premier point de vue, le décret aurait dépassé cette
limite en autorisant la Ville de Paris à user de la voie de l'expropriation pour cause d'utilité publique, hors de son territoire, pour des travaux d'un intérêt exclusivement municipal,
qui sont plus nuisibles que profitables aux populations qu'ils
dépouillent ou qu'ils traversent. Les lois qui ont admis le
principe de l'expropriation pour cause d'utilité publique, ont
toujours supposé, ce qui ne se rencontre pas ici, que l'exproprié a une part quelconque dans l'intérêt public et général
devant lequel son intérêt particulier est tenu de céder.

On ajoute, et cette opinion a été soutenue dans la Commission, que, en dehors des droits que les riverains de la Dhuis
pourraient avoir à faire valoir, aux termes des articles 641 et
642 du Code Napoléon, contre le propriétaire de la source,
l'eau courante, considérée comme chose commune, créé pour
ces riverains des droits passagers, si l'on veut, mais précieux
à l'agriculture et à l'industrie, ces droits, que l'article 644
du même Code a déterminés, seront atteints plus ou moins
directement, sans compensation, et peut-être sans indemnité,
par les travaux que le décret autorise. Ce sont là, dans le
système des pétitionnaires, des situations qui paraissent
échapper aux prévisions et aux applications de la loi du
3 mai 1841. Pour étendre jusqu'à elles les conséquences d'une
déclaration d'utilité publique, il eût au moins fallu faire
consacrer le principe par une loi spéciale, ainsi que cela a eu
lieu, soit avant, soit après le sénatus-consulte du 25 décembre 1852, lorsque, par les lois des 29 avril 1845, 11 juillet

1847 et 10 juin 1854, on a voulu imposer à la propriété, dans l'intérêt des irrigations et du drainage, des sacrifices que la loi du 3 mai 1841 n'avait ni prévus ni réglés (1).

Passant au deuxième grief, les pétitionnaires croient pouvoir conclure de ce que le décret aurait ainsi été rendu, selon eux, en dehors des conditions d'utilité publique organisées par la loi, qu'il a, sous ce rapport déjà, contrevenu au principe inscrit dans l'article 545 du Code Napoléon, aux termes duquel « nul ne peut être contraint de céder sa propriété, si ce n'est pour cause d'utilité publique et moyennant une juste et préalable indemnité. »

Toutefois, aucun d'eux n'invoque, quant à présent, sur les sources de la Dhuis achetées par la Ville de Paris, un droit de propriété personnelle ou une servitude active résultant soit de titres, soit de prescription; ils se bornent à dénoncer le principe du décret et les conséquences générales qu'ils les croient appelé à produire au sein des contrées qu'ils habitent.

Ils représentent la suppression du cours d'eau et des moulins qu'il met en mouvement comme devant entraîner, pour les riverains et pour les communes voisines, d'inappréciables préjudices; ils signalent la construction de l'aqueduc de dérivation comme apportant, sur tout son parcours, une entrave permanente et prolongée aux procédés d'irrigation et d'assainissement pour le drainage que les lois des 29 avril 1845 et 10 juin 1854 ont voulu développer et favoriser au profit des agriculteurs. Ils voient, en un mot, indépendamment des terrains dont l'expropriation sera jugée nécessaire, la propriété qui subsistera atteinte dans des droits essentiels, dans des besoins journaliers, et irréparablement privée, pour

---

(1) On a cité encore, comme exemples de dispositions législatives spéciales, l'article 10 de la loi du 15 juillet 1845 sur la police des chemins de fer, l'article 13 de la loi du 13 avril 1850 sur les logements, et l'article 3 de la loi du 22 juin 1854 sur les magasins à poudre.

un intérêt auquel elle ne participe pas, des éléments de production, de progrès et de richesse, que la nature avait mis à sa portée.

Telles sont, en substance, les principales raisons qui sont invoquées contre la constitutionnalité du décret du 4 mars, et dont quelques-unes ont trouvé, dans la Commission, l'appui d'une minorité.

Dans cette question plus délicate que difficile, la Commission, répondant au vœu manifesté par votre vote et par vos bureaux, a tenu à s'entourer de tout ce qui était de nature à l'éclairer complétement sur l'ensemble de l'affaire. Elle a entendu MM. les Ministres sans portefeuille. Elle a reçu d'eux et de la préfecture de la Seine communication de tous les documents utiles.

C'est après cet examen que, concentrant le débat sur le terrain des principes constitutionnels et de la séparation des pouvoirs, la majorité s'est prononcée pour le maintien du décret du 4 mars 1862.

Deux questions dominent toute la discussion :

1° Quels sont les pouvoirs attribués à l'Empereur par l'article 4 du sénatus-consulte du 25 décembre 1852, et en vertu desquels le décret du 4 mars 1862 a été rendu ?

2° Le décret du 4 mars 1862 porte-t-il atteinte aux droits de la propriété ?

PREMIÈRE QUESTION.

L'article 4 du sénatus-consulte du 25 décembre 1852 est ainsi conçu :

« Tous les travaux d'utilité publique, notamment ceux désignés par l'article 10 de la loi du 21 avril 1832 et l'article 3 de la loi du 3 mai 1841, toutes les entreprises d'intérêt général sont ordonnés ou autorisés par décrets de l'Empereur.

« Ces décrets sont rendus dans les formes prescrites pour les règlements d'administration publique.

« Néanmoins, si ces travaux et entreprises ont pour condition des engagements ou des subsides du Trésor, le crédit devra être accordé, ou l'engagement ratifié par une loi, avant la mise à exécution. »

Il n'est pas, il ne pouvait pas être contesté que l'Empereur exerce seul aujourd'hui, dans les formes et sous les réserves indiquées par le sénatus-consulte, le pouvoir que l'article 3 de la loi du 3 mai 1841 partageait, suivant la nature des travaux, entre la loi et l'ordonnance.

Mais il n'est pas inutile de rappeler que cette attribution a été plutôt restituée que conférée par le Sénat au Pouvoir exécutif.

La Constitution du 3 septembre 1791 (1) avait proclamé le principe que « nul ne peut être contraint à céder sa propriété, si ce n'est pour cause de *nécessité publique* légalement constatée et moyennant une juste et préalable indemnité. »

L'article 545 du Code Napoléon (2) a reproduit cette disposition en faisant une plus large part à l'intérêt général, et en substituant *l'utilité* publique à la *nécessité* publique.

Cependant le pouvoir auquel il appartenait de déclarer cette utilité publique n'était pas déterminé.

Dès le 1er août 1807, le Conseil d'État, consulté par l'Empereur Napoléon Ier, émettait l'avis :

« Que le concours de l'autorité législative n'est pas nécessaire dans ce cas, et que la nature même des choses s'oppose à ce qu'elle puisse intervenir avec la sûreté et la dignité qui lui conviennent.

---

(1) Déclaration, art. 17. — Titre Ier, 9° droit garanti. — Voyez l'ordonnance de Philippe le Bel de 1303. — Dalloz, v° *Expropriation pour cause d'utilité publique*, n° 3.

(2) Promulgué le 16 pluviôse an XII (6 février 1804.)

« Que le droit de propriété doit être regardé comme pleinement garanti par le principe général que la loi a établi, que la loi seule pourrait changer, et par la régularité des formes prescrites, soit pour constater que l'utilité publique est réelle, soit pour fixer la valeur de l'objet consacré à cette utilité (1) »

Cette règle recevait une première application dans l'article 1er de la loi du 16 septembre 1807 sur le desséchement des marais. Mais elle devait se formuler d'une manière plus générale et plus précise dans la loi du 8 mars 1810, qui posait, pour la première fois, ce double principe, que l'expropriation pour cause d'utilité publique s'opère par autorité de justice (art. 1er), et qu'un décret impérial peut seul ordonner des travaux publics et en déclarer l'utilité (art. 3) (2).

Telles étaient encore les idées du Gouvernement de 1830, lorsqu'en présentant le projet, qui est devenu la loi du 7 juillet 1833, il maintenait dans le domaine de l'ordonnance royale le droit d'autoriser les travaux et de prononcer la

---

(1) Locré, t. IX, p. 764.

(2) C'est à l'insistance de l'Empereur Napoléon Ier que cette intervention de l'autorité judiciaire est due.

La célèbre note de Schœnbrun, du 29 septembre 1809, avait posé les bases de la loi qu'elle provoquait.

La rédaction de l'article 1er du projet préparé fut cinq fois renvoyée par l'Empereur à la section du conseil d'État, dont il présidait les séances. Elle ne fut adoptée que lorsqu'elle exprima clairement, ainsi qu'il l'avait demandé, « la pensée qu'un acte judiciaire peut seul opérer l'expropriation d'un citoyen. » (Séance du 28 novembre 1809.) Dans la séance du 16 novembre, Napoléon traçait lui-même, en ces termes, le rôle des deux autorités dont il voulait que la loi organisât l'action et le concours. « Il n'appartient qu'au Chef du Gouvernement de juger si les travaux sont nécessaires; les tribunaux n'interviennent que pour sanctionner la décision et vérifier si toutes les conditions et toutes les formalités ont été remplies. » (Séance du 16 novembre 1809.) Locré, t. IX, p. 649, 690 et 676.

déclaration d'utilité publique (1). La disposition qui exigeait l'intervention d'une loi pour tous les grands travaux publics, laissant toutefois à l'ordonnance le soin d'autoriser les travaux d'importance secondaire, fut introduite par un amendement de la Commission de la Chambre des députés (2). Cette disposition ne faisait d'ailleurs que développer le principe déjà adopté par l'article 10 de la loi de finances du 21 avril 1832. Elle fut reproduite par la loi de 1841.

L'article 4 du Sénatus-consulte du 25 décembre 1852 n'est donc pas une innovation. Il n'a fait que revenir sincèrement et sans défiance aux saines traditions monarchiques et à une plus exacte répartition des pouvoirs, sans rien enlever d'ailleurs aux garanties qui protègent, à la fois, et les finances de l'Etat et les intérêts de la propriété privée.

« Il faut, vous disait l'éminent rapporteur de la Commission, que le Gouvernement rentre dans ses prérogatives, et ne soit plus gouverné. Modérateur des intérêts rivaux, c'est à lui qu'il appartient de juger de haut, et avec un coup d'œil d'ensemble, ce qui est nécessaire pour les concilier par d'équitables compensations. Il doit donc reprendre le droit de décider des directions et des tracés, droit détaché de la couronne par suite d'un autre système politique d'origine récente dans notre pays, mais qui doit y faire retour quand la France revient à un système plus ancien, plus vrai et plus logique (3). »

Aujourd'ui qu'à dix ans de distance, l'opinion impartiale peut mesurer l'usage qui a été fait de ce pouvoir rétabli et

---

(1) Chambre des députés, séance du 12 décembre 1832. Proc.-verb. 1832-1833, t. 1er, ann. n° 20.

(2) Chambre des députés, séance du 26 janvier 1833. Rapp. de M. Martin du Nord. — Projet amendé par la commission. Proc.-verb. 1832-1833, t. II, ann. n° 79.

(3) Sénat, séance du 21 décembre 1852. Rapport de M. le président Troplong sur le Sénatus-consulte du 25 décembre 1852. Proc.-verb. 1852, t. II, p. 199.

tout ce que les intérêts généraux du pays, depuis la plus modeste commune jusqu'à la cité la plus enviée, doivent à son initiative et à son indépendance, il est permis de dire que la pensée prévoyante et politique qui a inspiré l'article 4 du sénatus-consulte de 1852, a reçu la consécration de l'expérience, et le langage que nous venons de reproduire se représente à nos souvenirs avec une nouvelle énergie et une nouvelle autorité.

La déclaration d'utilité publique a donc repris le caractère qui lui appartient. Elle constitue un acte de haute administration, un acte d'appréciation souveraine qui, une fois accompli dans les formes prescrites, échappe à tout contrôle et à tout recours (1).

Mais si cette appréciation est souveraine, elle l'entoure de tout ce qui peut l'éclairer.

Le décret doit être précédé d'une enquête administrative. (Loi du 3 mai 1841, art. 3. — Ordonnances des 18 février 1834 et 15 février 1835.)

Il est rendu dans la forme des règlements d'administration publique, c'est-à-dire le Conseil d'État entendu. C'est le sénatus-consulte qui le prescrit.

Le décret dénoncé du 4 mars 1862 a spécialement été précédé de trois avis du conseil général des ponts et chaussées (2), dont les rapports et les délibérations se font remarquer, dans tout le cours de cette instruction, par autant de prudence que de lumières.

Le défaut d'enquête préalable et, en ce qui concerne les travaux compris dans le paragraphe 1er de l'article 3 de la loi du 3 mai 1841, l'absence de délibération du Conseil d'État pourraient ouvrir aux parties intéressées le droit de recours au contentieux qui n'est recevable, en cette matière, que pour excès de pouvoir ou inexécution des formes prescrites par

---

(1) Conseil d'État, 1er juin 1849.
(2) 9 mai 1859. — 8 novembre 1860 et 14 octobre 1861.

la loi (1). C'est alors un appel du Souverain au Souverain, qui ne saurait, dans aucun cas, porter sur l'appréciation de l'utilité publique dont le caractère et les éléments n'ont pas été défini par la loi.

Il existe une autre garantie de l'accomplissement des formalités dont cette déclaration doit être entourée ou suivie.

Les tribunaux qui « ne peuvent prononcer l'expropriation qu'autant que l'utilité en a été constatée et déclarée dans les formes tracées par la loi, » ont le droit et le devoir de vérifier si les formalités prescrites par l'article 2 du titre 1er et par le titre II de la loi du 3 mai 1841 ont été remplies, et si l'utilité publique a été légalement déclarée (2) ; mais toute appréciation de cette utilité leur est interdite (3).

Enfin, la disposition qui exige que les décrets de déclaration d'utilité publique soient rendus dans les formes des règlements d'administration publique, faisant partie d'un sénatus-consulte modificatif de la Constitution, on comprendrait encore qu'un décret qui ne serait pas rendu dans cette forme vous fût dénoncé comme inconstitutionnel. Mais aucun grief de cette nature ne pouvait être allégué contre le décret du 4 mars 1862 qui a été rendu, ainsi qu'il le constate, *le Conseil d'État entendu.*

Serait-il vrai, comme semblent l'indiquer les pétitionnaires, que ce droit de déclaration d'utilité publique, souverain dans le cercle où il peut s'étendre, soit du moins limité, par le sénatus-consulte lui-même, aux cas prévus par la loi du 3 mai 1841 ? Le texte seul de l'article 4 du sénatus-consulte suffit pour résoudre négativement la question. « *Tous* les

---

(1) Décrets en Conseil d'État, 31 mars 1848, Meyronnet de Saint-Marc. — 10 mai 1851, d'Inguimbert. — 27 mars 1856, Pommereux. — Camusat Busserolles. Lebon, 1848, p. 152. — 1851, p. 348. — 1856, p. 225 et 227.

(2) L. 3 mai 1841, art. 2 et 14. — Arr. Cass., 1er juillet 1834, S. V. 1834. 1. 623. — Arr. Cass., 30 mars 1859. D. P, 1859. 1. 165.

(3) C. Cass. ch. civ. rej. 14 juillet 1857. D. P, 1857. 1. 292.

travaux d'utilité publique, y est-il dit, *notamment* ceux désignés par l'article 10 de la loi du 21 avril 1832 et l'article 3
de la loi du 3 mai 1841, *toutes* les entreprises d'intérêt général sont ordonnés ou autorisés par l'Empereur. »

Les termes sont généraux et absolus. Les lois de 1832 et
de 1841 ne sont rappelées qu'à titre d'exemple et en vue
des formalités prescrites pour arriver à l'expropriation. Le
principe est posé pour *tous* les travaux d'utilité publique,
pour *toutes* les entreprises d'intérêt général, qu'ils aient été
prévus ou non prévus par ses lois précédentes. Il suffit qu'un
travail puisse être classé parmi les travaux d'utilité publique ;
il suffit qu'une entreprise puisse être qualifiée d'entreprise
d'intérêt général, pour que le Souverain puise dans cet article le droit de l'ordonner ou de l'autoriser. Et le juge de ce
caractère d'utilité publique ou d'intérêt général, c'est le Souverain lui-même en Conseil d'État.

Voilà le principe, Messieurs les Sénateurs, nous ne pouvons pas, nous ne devons pas le laisser fléchir, car le Sénat
est aussi le gardien et le conservateur des droits et des prérogatives que la Constitution et le vœu du pays ont confiés
au Pouvoir impérial.

Mais, ces réserves faites, et le principe mis en dehors du
débat, il faut dire que la loi du 3 mai 1841 n'a jamais con-
tenu les distinctions arbitraires que lui prêtent les pétitions.

Cette loi ne définit et ne limite pas plus que le sénatus-
consulte les conditions et le caractère de l'utilité publique.
Elle en fait aussi une question d'appréciation que l'article 3,
aujourd'hui modifié, réservait, dans certains cas, à la loi,
dans d'autres à l'ordonnance ; et si, par une raison de bon
sens, elle dispense, dans son article 12, de certaines formalités extérieures à la commune, les demandes d'expropriation formées par une commune, dans un intérêt purement
communal, elle suppose, loin de l'écarter, le cas où l'expropriation poursuivie, même par une commune, dans un inté-

rêt déclaré d'utilité publique, intéresse et engage le territoire d'autres communes.

L'article 3 comprend, en effet, parmi les grands travaux publics qui ne pouvaient alors être exécutés qu'en vertu d'une loi, ceux entrepris par les *départements*, les *communes* et les *compagnies particulières*, aussi bien que ceux entrepris par l'État. Les ordonnances du 18 février 1834 et du 15 février 1835, portant règlement sur les formalités des enquêtes, ne font aucune distinction et prévoient toutes les deux le cas où la ligne des travaux devra s'étendre sur le territoire de plusieurs départements. L'ordonnance du 23 août 1835, qui n'a eu d'autre but que de simplifier les enquêtes relatives aux travaux d'intérêt purement commu-nal, fonde expressément ses prescriptions sur ce que quel-ques-unes des formalités exigées par l'ordonnance du 18 fé-vrier 1834 seraient *sans objet* pour des travaux de cette nature, et prévoyant elle-même, dans son article 6, le cas où « les travaux n'intéresseraient pas exclusivement le terri-toire de la commune, » elle renvoie, pour cette éventualité, au titre II de l'ordonnance de 1834.

La jurisprudence est d'accord avec ces textes pour admet-tre que les expropriations, pour cause d'utilité publique, poursuivies par une commune, peuvent affecter, en même temps le territoire d'autres communes, et elle exige, dans ce cas, l'accomplissement des formalités prescrites par les arti-cles 8, 9 et 10 de la loi du 3 mai 1841 (1).

Enfin de nombreux précédents attestent que la loi a tou-jours été appliquée dans ce sens.

Sans parler du canal de l'*Ourcq* qui traverse cinq départe-ments pour amener ses eaux à Paris, mais qui est antérieur aux lois de 1833 et de 1841 (2), on peut citer comme exem-

_____

(1) Arr. cass., 13 mars 1848. S. V., 1848, 1, 379.

(2) C'est la loi du 29 floréal an X (19 mai 1802) qui a ordonné l'ou-

ple le canal de la Durance que la ville de Marseille a été autorisée à faire construire à ses frais et pour son usage et qui,
dans un parcours de 160 kilomètres, traverse un grand nombre de communes du département des Bouches-du-Rhône (1).

Il n'y a pas à insister davantage sur ce point. Bornons-
nous à ajouter, avec M. Mallet (2) et le Conseil général des
ponts et chaussées (3), que la théorie des pétitionnaires
serait la négation du principe en vertu duquel ont été exécutés beaucoup de travaux qui ne desservent que les centres
de population auxquels ils aboutissent et qui n'en sont pas
moins considérés comme un bienfait public.

Il faut conclure de ce qui précède qu'en thèse générale,
l'utilité publique n'a pas de circonscription, qu'il suffit qu'elle
soit régulièrement déclarée pour engager le principe de l'expropriation et pour en autoriser la procédure, sous les
formes et avec toutes les garanties stipulées dans la loi de
1841.

L'acte de déclaration d'utilité publique s'élève alors au-
dessus de l'individualité communale. Ce n'est pas la commune qui poursuit l'expropriation qu'il faut considérer, mais
l'autorité et le caractère de l'acte qui a souverainement jugé
la question d'utilité publique et qui a ordonné les travaux.
Dans la circonstance, l'intérêt au nom duquel la ville de
Paris est autorisée à agir a été déclaré, par le seul juge compétent, un intérêt d'utilité publique. Cela suffit pour que la
loi du 3 mai 1841 soit applicable sur tous les territoires que
doit traverser la ligne des travaux à exécuter.

Ces principes seraient vrais pour toutes les communes de

verture d'un canal de dérivation de la rivière de l'Ourcq pour l'amener
dans le bassin de la Villette.

(1) Loi du 4 juillet 1838.
(2) 1er rapp., p. 23 et 24. — 2e rapp., p. 29.
(3) Rapport et avis du 14 octobre 1861 sur les résultats de l'enquête
relative au projet de dérivation de la Dhuis.

l'Empire. Ils sont consacrés, pour un grand nombre d'entre elles, par des précédents incontestables. Mais si le caractère d'utilité publique attribué aux travaux dont il s'agit pouvait être ici justifié, il serait facile de démontrer que la Ville de Paris est, sous ce rapport, dans une situation toute spéciale et toute exceptionnelle.

Il ne s'agit ni de privilége, ni de frivoles préférences. Il suffit d'interroger le droit, la raison, l'équité, le sentiment national lui-même.

Paris est la capitale de l'Empire. Elle doit à cette population toujours croissante, dont les éléments sont empruntés à tant d'origines diverses, des conditions d'alimentation, de sécurité, de salubrité, qui constituent un intérêt de premier ordre. La force des choses et notre organisation politique veulent que ce qui est un grand intérêt public à Paris intéresse toujours, plus ou moins directement, la paix, l'activité, la production et la richesse du pays tout entier. Cette énergique centralisation, qui est l'une des conditions de notre puissance intérieure et extérieure, a d'immenses avantages. Elle a parfois ses charges nécessaires et ses justes compensations.

D'anciennes ordonnances soumettent encore à de nombreuses et lourdes servitudes, dans le seul but d'assurer l'approvisionnement de Paris en bois de chauffage, toutes les propriétés riveraines des rivières et des ruisseaux affluents à la Seine et à l'Yonne (1).

L'État supporte la moitié de la dépense résultant de la nouvelle organisation donnée à la police municipale de Paris,

(1) Ordonnance de Louis XIV de décembre 1672. — Arrêt du conseil, 3 septembre 1724. — Isambert, Anc. lois françaises, t. XIX, n° 711.

Au nombre de ces servitudes se trouve celle qui astreint toutes les propriétés riveraines à servir de port au commerce de bois, moyennant indemnité.

par le décret du 17 septembre 1854. Cette part figure au budget pour 3,847,000 francs (1). Dans le rapport fait au Corps législatif sur la loi qui a fixé cette proportion, M. Vernier s'exprimait ainsi :

« Paris, comme on l'a déjà dit bien souvent, est la ville de tout le monde ; la perfection des moyens qu'elle emploie pour assurer, sur tous les points de son vaste territoire, la sécurité de tous les intérêts, profite à tous ; cette surveillance active et incessante qui, la nuit et le jour, met à la disposition de chacun le secours dont il a besoin, la protection qu'il peut avoir à réclamer, l'indication utile qui lui est nécessaire, est pour tout le monde un bienfait dont il ne serait pas équitable de mettre la dépense à la charge de quelques-uns (2). »

L'État contribue, dans une proportion qui a été tantôt des deux tiers, tantôt de la moitié (3), tantôt du tiers (4), aux grands travaux accomplis par l'administration municipale de Paris.

Les rues de Paris sont soumises au régime de la grande voirie (5).

Enfin, et ceci touche plus directement à la question, les eaux conduites dans Paris à l'aide de travaux d'art et de canaux artificiels forment une dépendance du domaine public (6). Aux termes d'un décret du 4 septembre 1807,

---

(1) Loi du 6 juillet 1860.

(2) Corps législatif, séance du 13 juin 1860. Rapport sur la loi du 6 juillet. — Proc.-verb., t. III, p. 639.

(3) Décrets du 23 décembre 1852, 15 novembre 1853, 18 octobre 1854, ratifiés par la loi du 2 mai 1855 (prolongement de la rue de Rivoli, abords de l'Hôtel de Ville, boulevard Sébastopol rive droite, etc.).

(4) Loi du 19 juin 1857 (boulevard Sébastopol rive gauche.) —Loi du 28 mai 1858 (boulevard du Prince-Eugène, rue de Rohan, boulevard de Malesherbes, etc., etc.).

(5) Déclaration du Roi, du 10 avril 1783, art. 1er. — Décret du 26 mars 1852, art. 1er.

(6) Dufour, *Droit administratif*, t. IV, p. 450, no 416; — t. V, p. 637, no 646.

l'administration de ces eaux est exercée par le préfet de la
Seine, sous la surveillance de la direction générale des ponts
et chaussées, et l'autorité du Ministre des travaux publics,
qui a remplacé, dans cette attribution, le Ministre de l'intérieur (art. 1er). Tous les travaux dépendants de cette administration sont autorisés et exécutés dans les formes usitées
pour les travaux des ponts et chaussées (art. 3) (1).

Le décret dénoncé est, en effet, rendu sur le rapport du
Ministre du commerce et des travaux publics, à la différence
de ce qui a lieu pour les autres communes de l'Empire
maintenues, à cet égard, sous l'autorité du Ministre de l'intérieur.

C'est en présence de cet ensemble de principes et de faits
administratifs que le conseil municipal de Paris, le Ministre,
les commissions d'enquêtes formées dans les quatre départements intéressés (2), le conseil général des ponts et chaussées
et enfin le décret délibéré en Conseil d'État ont apprécié, successivement et à des points de vue divers, la question d'utilité
publique sur laquelle ils avaient à se prononcer (3).

(1) Recueil de pièces sur les eaux de Paris, imprimé par ordre de
M. le comte de Rambuteau, imprimerie royale, 1835.

(2) Départements de l'Aisne, de Seine-et-Marne, de Seine-et-Oise, de
la Seine.

(3) L'avis du conseil général des ponts et chaussées, qui a précédé le
rapport du ministre, est ainsi motivé:

« Considérant que le projet soumis à l'enquête, en amenant à Paris
un volume de 40,000 mètres cubes par jour d'eau potable de bonne
qualité, augmenterait, dans une proportion importante, les moyens
d'alimentation dont cette ville dispose aujourd'hui;

« Que, seul parmi les divers projets de dérivation qui ont été étudiés, il permettrait de faire arriver les eaux à la hauteur nécessaire pour
desservir les quartiers élevés de la zone annexée;

« Qu'il paraît ainsi présenter un caractère incontestable d'utilité publique;

« Considérant que les oppositions qu'il a soulevées dans l'enquête,
et qui portent moins sur ce projet lui-même que sur le complément
qu'on suppose qu'il devrait recevoir plus tard par la dérivation des

Il reste une dernière objection à laquelle la discussion qui précède a déjà en partie répondu. Il fallait, dit-on, une loi spéciale.

Du moment où il s'agissait exclusivement d'apprécier si des travaux projetés devaient être ordonnés et déclarés d'utilité publique, en présence des termes du sénatus-consulte, il n'y avait aucun principe nouveau à établir et il n'était, à aucun point de vue, besoin d'une loi spéciale.

C'est à tort que l'on invoque, à titre d'exemple, les lois des 29 avril 1845 et 11 juillet 1847 sur les irrigations, et la loi du 10 juin 1854 sur le drainage. Ces lois, en effet, ainsi que l'indiquent leur texte et la discussion à laquelle elles ont donné lieu, avaient un tout autre objet qu'une déclaration d'utilité publique appliquée à des travaux d'un intérêt général : elles avaient à constituer une nouvelle servitude légale (1), dans les termes des articles 639 et 649 du Code Napoléon. L'intervention de la loi était indispensable.

Si les articles 3 et 4 de la loi du 10 juin 1854 prévoient le cas où des travaux, entrepris par des associations syndicales de propriétaires, des communes ou des départements, pour faciliter le drainage ou tout autre mode d'assèchement, pourront être déclarés d'utilité publique, c'est que, se trouvant

---

sources de la Somme-Soude, ne paraissent pas de nature à faire renoncer aux avantages qu'il doit procurer ;

« Qu'à l'exception de la commission d'enquête de Seine-et-Marne, qui s'est prononcée contre le projet, dans la prévision du complément indiqué ci-dessus, les commissions d'enquête des départements traversés ont donné un avis favorable à son exécution ;

« Est d'avis qu'il y a lieu de faire déclarer l'utilité publique des travaux de dérivation des sources de la Dhuis, conformément aux dispositions générales du projet rédigé par MM. les ingénieurs du service municipal de la Ville de Paris.

« Paris, le 14 octobre 1861. »

(1) Art. 1er des deux lois. Voyez le *Commentaire de la loi sur les irrigations*, par M. Daviel.

en face d'un intérêt privé, ils avaient à créer le principe en vertu duquel on étendrait à cet intérêt, devenu collectif, le bénéfice de l'expropriation pour cause d'utilité publique. Ils avaient, en outre, à tracer un mode spécial pour le règlement des indemnités. La raison de l'intervention de la loi est là tout entière.

De tout ce qui précède, il résulte :

Que le décret, délibéré en Conseil d'État, qui a déclaré d'utilité publique les travaux à exécuter pour la dérivation de la Dhuis, est resté dans la limite des droits et des pouvoirs que l'article 4 du sénatus-consulte du 25 décembre 1852 a conférés à l'Empereur ;

Qu'il n'a point empiété sur la loi, car il appartient précisément au décret rendu dans la forme des règlements d'administration publique de faire aujourd'hui, en cette matière, ce que la loi faisait avant le sénatus-consulte de 1852 ;

Qu'il n'a point méconnu les dispositions de la loi du 3 mai 1841, car c'est conformément à cette loi que, par son article 2, il autorise la Ville de Paris à poursuivre l'expropriation des terrains et des bâtiments nécessaires à la construction de la conduite de dérivation ;

Enfin, que non-seulement une loi spéciale n'était pas nécessaire, mais que la présentation d'une loi de cette nature eût été en quelque sorte l'abdication d'un droit et d'une attribution de souveraineté que le sénatus-consulte du 25 décembre 1852 a rendus au Pouvoir exécutif, dans un intérêt de gouvernement et de haute administration, et dont il ne doit pas se dessaisir.

DEUXIÈME QUESTION.

Le décret du 4 mars 1862 porte-t-il atteinte à l'inviolabilité de la propriété ?

Cette atteinte résulterait, selon les pétitionnaires, de ce que les travaux autorisés par le décret entraîneraient la suppression du cours d'eau de la Dhuis et nuiraient ainsi aux droits et aux intérêts qui se rattachent à l'existence de ce cours d'eau.

Quels sont, sous ce rapport, les droits qui seraient non pas compromis, mais menacés ?

Cette question a un point de départ qu'il ne faut pas perdre de vue.

La Ville de Paris est propriétaire de la source principale de la Dhuis, en vertu d'un acte notarié du 29 juillet 1859.

L'expropriation que le décret l'autorise à poursuivre, conformément à la loi du 3 mai 1841, ne s'applique qu'aux terrains et aux bâtiments dont l'acquisition deviendra nécessaire pour l'exécution des travaux destinés à conduire les eaux jusqu'à Paris.

La question ne se présente donc pas de savoir si la propriété d'une source, qui produit un cours d'eau non navigable ni flottable, peut être l'objet d'une expropriation pour cause d'utilité publique.

Nous n'aurions même pas à vous en entretenir, si MM. les Ministres, Commissaires du Gouvernement n'avaient fait, en principe, les réserves les plus formelles sur le droit, contesté par les pétitionnaires, de poursuivre l'expropriation d'une source, dans un intérêt d'utilité publique. Ils se fondent sur les termes généraux de la loi de 1841 qui n'exceptent aucune propriété, pas plus celle des eaux que les autres, et sur des exemples qu'on pourrait multiplier.

La création ou l'amélioration des canaux exige le plus souvent l'acquisition de sources ou la dérivation de cours d'eau. Le droit de se faire autoriser à les acquérir, au besoin, par voie d'expropriation pour cause d'utilité publique, dans les termes de la loi du 3 mai 1841, ne paraît pas pouvoir être contesté à l'administration.

Dans l'opinion de MM. les Ministres, tout dépend ici
encore de la raison d'utilité publique. Une fois l'utilité publique reconnue et déclarée, après les enquêtes, dans les
formes prescrites par la loi, qu'il s'agisse de l'État ou d'une
ville, le droit d'acquérir les eaux nécessaires, soit à l'amiable,
soit par la voie de l'expropriation, est la conséquence ra-
tionnelle et légitime de cette déclaration. Il faudrait, pour
affranchir les sources et les cours d'eau de cette loi générale, une exception qui n'est écrite nulle part. L'importance et le caractère des intérêts que le déplacement des
eaux peut compromettre sont d'ailleurs appréciés dans les
actes et dans les délibérations qui préparent la déclaration
d'utilité publique, et il ne faut pas oublier que ces intérêts
rencontrent là les garanties les plus sérieuses d'investi-
gation, d'examen et d'expérience. L'instruction prolongée
et approfondie à laquelle ont donné lieu, soit dans le
conseil général des ponts et chaussées, soit dans les conseils de l'Empereur, les divers projets de dérivation récem-
ment étudiés par la Ville de Paris en fournirait, au besoin,
la preuve manifeste.

De nombreux précédents viennent à l'appui des réserves
faites, au nom du Gouvernement, dans la Commission.

C'est ainsi, pour ce qui concerne l'État, qu'un décret impérial du 28 avril 1855 (1) a autorisé le préfet du Finistère à
poursuivre, au nom et pour le compte du département de la
marine, l'expropriation, pour cause d'utilité publique, des
deux tiers de la source de Kergrach qui restaient à acquérir.

C'est ainsi encore que le rapport et l'avis du comité con-
sultatif de la Ville de Paris, qui vous ont été distribués,
relèvent, à leur date, de 1837 à 1861, 14 ordonnances ou
décrets, rendus en Conseil d'État, qui, après avoir déclaré

---

(1) *Bulletin des lois*, 1855; 1er sem., p. 1310.

d'utilité publique des travaux de conduite et de distribution d'eau projetés par diverses villes ou communes de l'Empire, autorisent ces villes à acquérir, soit à l'amiable, soit par voie d'expropriation pour cause d'utilité publique, les *sources*, terrains et bâtiments nécessaires à l'exécution de ces travaux (1).

Ce point écarté, quels sont les droits de la Ville de Paris sur la source dont elle est propriétaire?

On l'a dit avec raison, elle n'a pas plus de droits que n'en avaient ses vendeurs. Mais elle a, de ce chef, tous ceux qu'ils avaient et qu'ils lui ont transmis.

Le Code Napoléon pose à cet égard des règles claires et certaines.

La source est l'accessoire du fonds où elle jaillit. C'est à ce titre que le propriétaire du fonds est le propriétaire de la source. (C. N., art. 552.)

La propriété est le droit de jouir et disposer des choses de la manière la plus absolue, pourvu qu'on n'en fasse pas un usage prohibé par les lois et les règlements. (C. N., art. 554.)

C'est sous l'empire de ces principes généraux qu'il faut entendre l'article 641, dont le texte est ainsi conçu :

« Celui qui a une source dans un fonds peut en user à sa volonté, sauf le droit que le propriétaire du fonds inférieur pourrait avoir acquis par titre ou par prescription. »

Cet article, qui n'a fait en cela que reproduire l'ancienne législation, règle à la fois les droits du propriétaire et les droits rivaux qu'il peut rencontrer comme obstacles ou comme limites.

Suivons-en l'application. Voyons d'abord le droit du pro-

---

(1) Dijon, Auxerre, Bordeaux, Pierrevert (Basses-Alpes), Rocque-Alric (Vaucluse), La Chapelle-Saint-Kirain (Haute-Loire), Lorient, Metz, Autrain (Ille-et-Vilaine), Nevers, Fécamp, Saint-Étienne, Cette et Le Puy.

priétaire. Nous verrons ensuite les droits qui peuvent en entraver l'exercice.

La Ville de Paris, qui est aujourd'hui propriétaire du terrain où jaillissent les sources de la Dhuis, peut, à ce titre, *user de ces sources à volonté*, c'est-à-dire en disposer comme elle l'entend, les retenir en entier dans son fonds, les détourner, les céder à des tiers en tout ou en partie (1), comme elles lui ont été cédées à elle-même.

C'est vainement qu'on prétendrait que le droit d'user à sa volonté n'est ici que le droit de se servir de l'eau, dans la limite de son fonds et à la charge de la rendre à son libre cours, à la sortie de ce fonds. Ce serait méconnaître le caractère essentiel et absolu du droit de propriété, le sens évident et consacré du texte de l'article et confondre le droit du propriétaire de la source avec le droit très-différent que l'article 644 du Code Napoléon reconnaît à celui dont une eau courante traverse l'héritage.

« En se réglant par les principes, disait au conseil d'État, lors de la discussion de l'article 641, le consul Cambacérès, on ne peut mettre en question si une source est une propriété, et, par une suite nécessaire, on ne peut refuser au propriétaire le droit d'en disposer à son gré. L'écoulement naturel des eaux par les fonds inférieurs n'apporte pas de modification à ce droit (2). »

Écoutez maintenant, Messieurs les Sénateurs, un homme qui fait autorité dans ces matières et dont le nom est cher à vos souvenirs.

Voici l'opinion de M. Daviel :

« La loi ne dit pas que le propriétaire de la source ne peut disposer des eaux que sur le fonds même où elle naît. S'il était possesseur, à quelque distance, d'un autre terrain, il n'est pas douteux qu'il y pourrait conduire les eaux, à l'aide

_____

(1) Cour Cass., 22 mai 1854, S. V., 1854. 1. 729.
(2) Séance du 4 brumaire an XII.

de quelque aqueduc qu'il obtiendrait la permission de pratiquer sur les fonds intermédiaires (1). »

Bornons là ces citations.

Si la doctrine et la jurisprudence sont parfois en désaccord
sur les questions difficiles qui se rattachent aux cours d'eau,
il n'en est pas ainsi sur l'interprétation de l'article 641 et sur
le droit absolu qui appartient au propriétaire de la source,
tant qu'il ne se trouve pas dans un des cas d'exception que le Code a pris soin de prévoir et de déterminer.

L'exercice de ce droit peut, en effet, rencontrer des obstacles de deux natures, les uns venant des droits acquis par
les propriétaires des fonds inférieurs (Code Nap., art. 641 et
642); les autres venant des droits d'une commune, d'un village ou d'un hameau (Code Nap., art. 643).

Les droits des propriétaires inférieurs ne peuvent résulter
que d'un titre (art. 641) de la destination du père de famille
(art. 692) ou d'une prescription dont le caractère est indiqué
par l'article 642.

La prescription dont il est ici question « ne s'acquiert que
par une jouissance non interrompue pendant l'espace de
trente années, à compter du moment où le propriétaire du
fonds inférieur a fait et terminé des ouvrages apparents destinés à faciliter la chute et le cours de l'eau dans sa
propriété. » (Code Nap., art. 642.)

C'est une question qui se débat encore entre les auteurs,
que celle de savoir si les ouvrages apparents que cet article
donne comme point de départ à la possession utile pour
prescrire, doivent être exécutés sur le fonds supérieur d'où
la source jaillit, ou s'il suffit qu'ils l'aient été sur le fonds inférieur dans lequel ils sont destinés à faciliter la chute et le
cours de l'eau.

Les observations du Tribunat, la discussion qui en fut la

(1) *Traité des cours d'eau*, t. III, p. 90, n° 766 *bis*.

suite au Conseil d'État (1), et quelques auteurs (2), donnent raison à la dernière opinion ; d'autres jurisconsultes (3), et la jurisprudence invariable de la Cour de cassation (4), persistent à se prononcer pour la première et à exiger que les travaux aient été faits *jure servitutis* et non *jure dominii*.

Toute discussion sur ce point serait, dans cette enceinte, sans objet et sans issue. Ces questions rentrent exclusivement dans la compétence de l'autorité judiciaire.

Une autre exception est apportée au droit du propriétaire de la source par l'article 643 du Code Napoléon.

Aux termes de cet article, « le propriétaire de la source ne peut en changer le cours, lorsqu'elle fournit aux habitants d'une commune, d'un village ou d'un hameau, l'eau qui leur est nécessaire ; mais, dans ce cas, si les habitants n'en ont pas acquis ou prescrit l'usage, le propriétaire peut réclamer une indemnité qui est réglée par experts. »

La discussion de l'article 644, au conseil d'État, fait encore parfaitement saisir l'esprit dans lequel cette exception a été introduite, et en fixe très-nettement la portée :

« Il convient d'observer, disait M. Regnaud de Saint-Jean-d'Angély, qu'il est des villages dont les fontaines et les abreuvoirs publics ne sont alimentés que par les eaux qui découlent d'un fonds supérieur dont un particulier est propriétaire.

« Il s'agit là, répond le consul Cambacérès, de l'intérêt d'une commune entière. Il faut chercher à le concilier avec le droit du propriétaire. On y arriverait en laissant à la com-

---

(1) Séance du 3 brumaire an XII.

(2) MM. Pardessus, Delvincourt, Marcadé, Zachariæ, Massé.

(3) MM. Troplong. *Prescrip.*, t. I, n°s 113 et 114. — Daviel, *Cours d'eau*, t. III, n° 775. — Toullier, qui avait d'abord adopté l'opinion contraire, t. III, n° 655. — Duranton, t. V, n° 181.

(4) 25 août 1812. — 5 juillet 1837. — 29 janvier 1840. — 30 novembre 1841. — 28 mai 1849. — 25 février 1854. — 8 février 1858. — Cours imp. de Paris, 15 mai 1858.

mune les eaux qui lui sont indispensables, et en la forçant
d'indemniser le propriétaire. Hors ce cas d'utilité publique,
et lorsqu'il n'y a que l'intérêt des particuliers qui possèdent
les fonds inférieurs, rien ne peut plus balancer les droits du
propriétaire (1). »

C'est de cette discussion qu'est né l'article 643.

D'accord avec la pensée des auteurs de la loi, les commentateurs et la jurisprudence ne font fléchir le droit du propriétaire de la source que devant une nécessité absolue. Ils
restreignent le bénéfice de l'article 643 au cas où l'eau est
nécessaire aux habitants eux-mêmes, pour leurs besoins
domestiques et pour abreuver leurs bestiaux (2).

Ce sont encore là des questions dont la connaissance n'appartient qu'aux tribunaux.

Ces points généraux établis, le principe des droits qui peuvent se trouver en présence se dégage facilement.

La Ville de Paris, propriétaire des sources de la Dhuis,
pouvait en faire, à titre privé, sauf les droits acquis comme il
vient d'être dit, tel usage qui lui aurait convenu. Elle pouvait, par exemple, faire couler au nord ou au midi, suivant
la disposition des lieux, ce qui coule à l'est ou à l'ouest. Ce
droit, elle a demandé à l'exercer, dans un intérêt public, en
consacrant à l'alimentation de ses habitants les eaux dont
elle a acquis le droit de disposer. Le décret du 4 mars 1862
l'a autorisée à faire les travaux nécessaires pour conduire les
eaux à Paris. La question de propriété des eaux reste après
le décret ce qu'elle était avant.

L'acte d'acquisition de la Ville remonte au 29 juillet
1859.

---

(1) Séance du 4 brumaire an XII.
(2) MM. Daviel, t. III, nos 788 et 789. — Demolombe, *Servitudes*,
t. 1, p. 119, nos 94 et 95. — Cour de Cass., 15 janvier 1849 et 4 mars
1862, S. V., 1849. 1. 329. — 1862. 1. 368.

Il n'apparaît pas jusqu'ici qu'aucun propriétaire de fonds inférieur ait prétendu à un droit de propriété résultant de titre ou de prescription.

L'enquête administrative qui a précédé le décret est muette à cet égard.

L'enquête relative au tracé de l'aqueduc vient de se terminer sans opposition, et le tracé est admis dans tout le département de l'Aisne, sur un trajet de 44 kilomètres, qui intéresse dix-sept communes (1).

Quoi qu'il en soit, il demeure certain que si un propriétaire inférieur a quelques droits à opposer, dans les termes des articles 641 et 642 du Code Napoléon, au droit de propriété de la Ville de Paris sur les sources de la Dhuis, le décret ne met nul obstacle à ce qu'il intente son action soit au possessoire, soit au pétitoire. Les tribunaux saisis statueront.

Il en est de même des communes. Si, par exemple, la commune de Pargny, sur le territoire de laquelle se trouvent les sources achetées, si les communes de Montlevon (Aisne), de Corrobert et de l'Échelle-Lefranc (Marne), au nom desquelles la Commission a reçu des réclamations, croient être en droit d'invoquer le bénéfice de l'article 643 du Code Napoléon, et d'établir que les eaux qu'il s'agit de dériver sont nécessaires à leurs besoins domestiques et à leurs bestiaux, il leur appartient d'apprécier si elles doivent soumettre aux tribunaux une question que le décret du 4 mars n'a ni préjugée, ni compromise, mais sur laquelle le Sénat ne saurait être appelé à statuer.

Les termes du décret ne présentent, sur ces questions réservées, aucune équivoque.

Mais la commission a dû provoquer, à cet égard, les déclarations de MM. les Ministres, commissaires du Gouvernement. Elle a reçu l'assurance la plus positive que le décret ne s'ap-

---

(1) Rapport de l'ingénieur, en date du 29 mai 1862, communiqué à la commission par la préfecture de la Seine.

4

pliquait qu'aux expropriations nécessaires pour la construction et le passage de l'aqueduc de dérivation ; que, dans ces termes et dans ces limites, il ne pouvait ni préjuger ni soustraire à la libre action de la justice aucun des droits que des tiers pourraient prétendre avoir sur les sources de la Dhuis. S'expliquant spécialement sur une éventualité à laquelle il avait été fait allusion, dans cette enceinte, les organes du Gouvernement ont déclaré que, si des instances judiciaires venaient à s'engager entre ces tiers et la Ville de Paris, relativement soit à la possession, soit à la propriété des eaux qu'elle a acquises, la conduite de l'administration était tracée par les limites du décret, et qu'elle ne se croirait pas autorisée à élever le conflit. Pour dissiper, au besoin, tous les doutes sur la portée de ce décret, ils ont ajouté que, dans le cas où les tribunaux viendraient à reconnaître, au profit d'un tiers, un droit sur les sources de la Dhuis, on ne pourrait procéder, s'il y avait lieu, à l'expropriation de ce droit qu'après un nouveau décret.

Au surplus, ce que le texte du décret indique, ce que MM. les Ministres ont déclaré est d'avance confirmé par la marche qui a été suivie à l'occasion du procès intenté par le sieur Hubin à la Compagnie anonyme des eaux du Havre, autorisée à dériver dans cette ville les eaux de la vallée de Gournay dont elle était devenue propriétaire. L'affaire a épuisé tous les degrés de la juridiction civile, et elle s'est terminée par un arrêt de la Cour impériale de Paris, du 15 mai 1858, rendu sur renvoi après cassation (1).

Restent enfin, indépendamment des droits qui pourraient être acquis sur les sources, par titres ou par prescription, les droits que l'article 644 attribue aux riverains sur le cours d'eau, la situation des six moulins qui existent encore sur la Dhuis, l'intérêt des irrigations et de l'agriculture.

_____

(1) Arr. cass., 8 février 1858.

L'article 644 du Code Napoléon est ainsi conçu :

« Celui dont la propriété borde une eau courante, autre que celle qui est déclarée dépendance du domaine public par l'article 538 au titre de *la distinction des biens*, peut s'en saisir à son passage pour l'irrigation de ses propriétés.

« Celui dont cette eau traverse l'héritage peut même en user dans l'intervalle qu'elle y parcourt, mais à la charge de la rendre, à la sortie de ses fonds, à son cours ordinaire. »

Quel que soit le nom que l'on donne aux droits que cet article confère aux riverains, soit qu'on y reconnaisse avec des jurisconsultes pleins d'autorité (1) un véritable droit de propriété qu'on fait principalement résulter du rapprochement des articles 538, 561 du Code Napoléon et de l'article 2 de la loi du 15 avril 1829, soit qu'on persiste à n'y voir, avec la Cour de cassation (2), que « des droits d'usage spécifiés, limités et exclusifs du droit à la propriété du cours d'eau, » ces droits sont constamment subordonnés, par la force des choses, aux droits avec lesquels ils se trouvent en concours. L'article 644 fournit lui-même un exemple de la mobilité qui les affecte. Le droit du riverain dont la propriété n'est que bornée par l'eau courante est limité par le droit de l'autre riverain ; il ne peut que *se servir* de l'eau, à son passage, pour l'irrigation de ses propriétés.

Au contraire, celui dont l'héritage est traversé par le cours d'eau, réunissant en lui le droit que donnent les deux rives, peut user de l'eau dans l'intervalle qu'elle parcourt sur sa

---

(1) MM. Troplong, *Prescription*, nos 144 et 145. — Daviel, t. II nos 530 à 537 *bis*. — Pardessus, *Servitudes*, t. 1er, no 77. — Championnière, *Traité de la propriété des eaux courantes*.

(2) Arr. cass., 10 juin 1846. S. V. 1846, 1, 433 ; — 4 décembre 1861, Bull. civ., no 150. — Voyez, dans un sens analogue, décision du conseil d'État du 13 août 1851. Lebon, 1851, p. 635 ; — Dufour, *Police des eaux*, p. 249, no 209 ; et Nadault de Buffon, *Usines sur les cours d'eau*, t. II, p. 16.

propriété ; il peut même, à moins de règlements contraires, en diviser ou changer le cours, à la charge de la rendre, à la sortie de ses fonds, à son cours ordinaire.

Mais de même que le droit plus étendu de celui dont l'héritage est traversé, se modifie aussitôt que le droit d'un autre riverain se trouve en face du sien, de même le droit de l'un et de l'autre reste subordonné aux droits du propriétaire de la source réglés par l'article 641. C'est là, en effet, un ensemble de dispositions sagement combinées, et qui s'éclairent l'une par l'autre. M. Pardessus résume très-nettement cette situation dans les deux paragraphes suivants :

« Quoique les propriétaires des fonds inférieurs à celui sur lequel une source prend naissance n'aient acquis aucun droit à ce que les eaux leur soient transmises, le seul fait qu'elles s'écoulent dans des lits qui traversent ou bordent leurs héritages et qui sont leur propriété, et la considération que ces héritages sont exposés aux inconvénients qu'entraîne cette situation leur assurent naturellement un droit aux avantages qui peuvent en être la suite...

« Le propriétaire du fonds sur lequel naît la source peut lui donner un autre cours, même au préjudice des héritages inférieurs auxquels l'irrigation naturelle, par le moyen de ces eaux, donnerait une valeur importante. Il n'est tenu que de respecter, ou un titre, ou une servitude acquise par la prescription accompagnée d'ouvrages apparents, ou par des règlements administratifs. Mais, tant qu'il n'use pas de son droit, les propriétaires des héritages riverains supportent l'écoulement des eaux, et, réciproquement, ils peuvent en tirer le service dont elles leur paraîtraient susceptibles (1). »

La conclusion à tirer de ces principes, c'est que l'article 644 doit se combiner avec l'article 644 ; c'est qu'à moins de titre ou de prescription acquise, le droit à l'eau courante

(1) Pardessus, Servitudes, t. 1er, nos 104 et 105.

d'une rivière non navigable n'existe qu'à condition que le droit supérieur et plus absolu du propriétaire n'empêche pas l'eau de courir.

En ce qui concerne les moulins établis sur le cours d'eau de la Dhuis, leur situation vis-à-vis du propriétaire de la source peut varier selon que leur existence est ou n'est pas antérieure à 1789, selon les termes et les conditions des concessions ou des autorisations en vertu desquelles ils se sont établis. Si, comme l'affirment plusieurs pétitionnaires, les propriétaires de quelques-uns de ces moulins ont, à un titre ou à un autre, d'anciens droits que le propriétaire de la source serait tenu de respecter, ce n'est pas dans cette enceinte que ces droits peuvent être appréciés. Ce sont là tout autant de questions du ressort des tribunaux. Le décret, il faut le répéter encore, ne met en péril aucun de ces droits, et toute action, à cet égard, demeure réservée.

D'ailleurs si, parmi ces moulins, il en est dont les bâtiments ou les terrains se trouvent compris parmi les propriétés à exproprier, sur le passage de l'aqueduc, c'est en vertu de la loi de 1841 que les intéressés auront à faire valoir leurs droits et leurs réclamations. (L. 3 mai 1841, article 6 et 21.)

Si, sans être atteints par l'expropriation, ils sont en mesure d'établir que l'exécution de ce travail public leur cause un dommage matériel et direct, l'indemnité qui pourrait leur être due sera appréciée par le conseil de préfecture (1).

Mais c'est le moment de rappeler que les actes et les écrits de l'administration municipale de Paris témoignent qu'elle ira au-devant de ces recours aux tribunaux judiciaires ou administratifs, que le décret laisse intacts et dont le principe est complétement sauvegardé. — Autorisée à exécuter un

<hr>

(1) Trib. des conflits, 18 novembre 1850. S. V. 1851, 1, 219. — Conseil d'État, 16 août 1851. Lebon, p. 635. — Arr. cass., Ch. civ., 29 mars 1852. S. V., 1852, 1, 410.

grand travail d'intérêt public, elle ne voudra pas que ce travail laisse, dans le pays qu'il traversera, des traces de souffrances ou de ruines, et, s'inspirant d'une large équité plus que de son droit rigoureux, elle fera dépendre le droit aux indemnités qu'elle a prévues bien plus du dommage éprouvé que d'un titre plus ou moins contestable.

« Tout intérêt privé, disait M. le préfet de la Seine, dans son second mémoire du 16 juillet 1858, si mince qu'il puisse paraître, en présence d'un grand projet d'utilité publique, est éminemment respectable; non-seulement il doit être sauvegardé, mais il faut encore aller au devant des appréhensions mal fondées qu'il peut exciter (1).

. . . .

« Les prises d'eau peuvent seules donner lieu à des questions délicates d'indemnité... (2).

« Quel sera le montant des indemnités d'expropriation et de dommages? Il ne serait guère possible de le déterminer, même approximativement, dès aujourd'hui. D'ailleurs, il est évident que les indemnités pour dommages ne peuvent être fixées d'avance, puisque le préjudice résultant des prises d'eau pour les propriétaires ou les industriels, ne sera clairement constaté et mesuré que par l'expérience (3). »

Ces dispositions et ces assurances ont été confirmées au sein de la commission.

Ces questions de conduite et d'exécution sont, à la rigueur, étrangères, Messieurs les Sénateurs, à la question purement constitutionnelle, que vous êtes appelés à résoudre. Toutefois, si elles peuvent contribuer à calmer des inquiétudes, peut-être exagérées mais respectables, vous ne regretterez pas de leur avoir accordé quelque attention.

---

(1) Documents relatifs aux Eaux de Paris, 2e mémoire, p. 170.
(2) Id. id. id. p. 171.
(3) Id. id. id. p. 172.

Nous vous devons, dans cet ordre d'idées, un dernier mot.

Il résulte d'un document officiellement communiqué à la commission, que la Dhuis reçoit, en aval des sources achetées par la Ville de Paris, et, avant de se réunir au Verdon, les eaux de plusieurs petites sources dont quatre, jaugées en été, ont donné ensemble un volume de 1,706 mètres cubes par vingt-quatre heures, et qu'en tenant compte de celles qui n'ont pu être jaugées, on évalue à 3,500 mètres cubes, par vingt-quatre heures, le produit, en temps sec, des sources qui continueront d'alimenter le ruisseau de la Dhuis, après la dérivation. Le Verdon, qui se jette dans la Dhuis avant Condé, augmentera cette quantité d'au moins 2,600 mètres cubes par vingt-quatre heures; ce qui maintiendra à ce chef-lieu de canton, dont la population n'atteint pas huit cents habitants, un cours d'eau débitant plus de 6,000 mètres cubes, c'est-à-dire plus de 6 millions de litres, par vingt-quatre heures (1).

Ces détails n'ont certainement pas été sans influence sur les avis qui ont prévalu, dans la commission d'enquête du département de l'Aisne, et sur les délibérations favorables qui ont précédé la déclaration d'utilité publique de l'aqueduc de dérivation.

Il est maintenant permis de dire non-seulement qu'aucun droit n'est atteint, mais qu'aucun intérêt essentiel et d'ordre général n'est menacé par la dérivation de la Dhuis. S'il restait à prévoir, sur certains points, pour des intérêts particuliers, quelques-unes de ces gênes passagères, que de nouveaux efforts d'intelligence et d'activité ont bientôt effacées, ou le sacrifice de quelques-unes de ces convenances locales, dont l'indemnité ne dédommage pas toujours, mais que les routes, les canaux et les chemins de fer ne traitent pas

---

(1) Lettre de M. le Préfet de la Seine, du 27 mai 1862. — Mémoire du comité de la Ville de Paris, p. 73 ci-après.

mieux que les conduites de dérivation, il faudrait s'adresser
au bon sens et au patriotisme qui finissent toujours par prévaloir au sein de nos campagnes et rappeler ces paroles pro-
noncées par le rapporteur de la loi du 8 mars 1810, devant
le Corps législatif du premier Empire :

« L'intérêt de la masse doit l'emporter sur celui des fractions.

« Sans cette faculté, les gouvernements seraient dans l'im-
« puissance de rien entreprendre d'utile ou de grand pour
« l'État; l'agriculture, le commerce, l'industrie et les arts
« ne pourraient faire de progrès. La nature serait abandonnée
« à elle-même, et les ressources des hommes s'affaibliraient
« bientôt, au lieu de s'accroître (1). »

La commission, Messieurs les Sénateurs, a terminé l'examen des deux questions sur lesquelles elle avait à se prononcer.

Le décret prononcé ne porte atteinte ni à la Constitution,
ni aux lois du pays, ni à la libre action de la justice, ni à
l'inviolabilité de la propriété.

Cela suffit pour qu'il ne puisse pas être annulé et pour
qu'il soit maintenu par vous.

Mais la discussion approfondie à laquelle vous avez désiré
qu'il fût soumis doit avoir ce résultat plus général et plus
élevé, de mettre, une fois de plus, en relief les garanties que
nos institutions assurent à la conduite des affaires et à la protection de tous les intérêts.

L'administration de la Ville de Paris, c'est son droit et son
devoir, préoccupée des grands intérêts dont elle a la direction, recherche avec persévérance tous les moyens de rendre
la capitale de l'Empire digne du rôle qu'elle remplit dans le
monde, et d'y multiplier les conditions de paix publique, de
bien-être et de grandeur. Elle conçoit de vastes plans d'a-
mélioration et de progrès.

(1) Rapp. de M. Riboud, séance du 3 mars 1810. Locré, t. IX, n. 743.

Elle a acheté, dans trois départements, de quatorze propriétaires, qui les lui ont vendus librement, faisant en cela un acte de propriété qui, pour le dire en passant, a bien aussi le droit d'être respecté, des sources qu'elle paye à Pargny (Aisne) 65,000 francs, à Montmort (Marne) 12,100 francs, dans la vallée de la Vanne (Yonne) environ 230,000 francs.

Elle fait étudier trois projets d'aqueducs qui doivent amener, sur divers points de Paris, ces eaux limpides et fraîches. Ces projets ne peuvent être exécutés qu'après enquête et en vertu d'une déclaration d'utilité publique.

Cependant les intérêts ruraux s'alarment. La question de la dérivation des eaux de sources, d'une contrée dans une autre, trouve les populations presque indifférentes, dans les pays où les eaux abondent, tandis que, dans des régions moins favorisées, elle prend les proportions d'une inquiétude publique. Les conseils généraux s'en émeuvent. Au point de vue du droit, au point de vue économique et agricole, elle devient, pour d'excellents esprits, une préoccupation sérieuse.

En présence de cette lutte d'intérêts de divers ordres, quel était le rôle du gouvernement de l'Empereur, dans la sphère supérieure et indépendante où il se trouve placé? Faire tout étudier, soumettre à de calmes et patientes investigations les besoins nouveaux des uns, les inquiétudes et les réclamations des autres.

C'est ce qu'il a fait.

On s'adressait, l'autre jour, dans cette enceinte, Messieurs les Sénateurs, à nos justes sympathies pour les habitants des campagnes. On les appelait les nourriciers des villes. On rappelait avec raison qu'ils étaient l'une des forces les plus stables de la société et de l'Empire.

Le sort et l'amélioration des campagnes, les encouragements de toutes sortes donnés à l'agriculture n'ont jamais tenu plus de place dans les grands actes d'un règne. Les populations rurales ne s'y trompent pas. Elles savent qu'aucun gouvernement ne s'est plus appliqué à soutenir leurs efforts, à diminuer leurs charges, à multiplier leurs voies de communication, à favoriser l'éducation de leurs enfants, à relever à la fois leur dignité et leur bien-être et à développer la vie communale et agricole.

Évitons ces comparaisons toujours périlleuses entre l'ouvrier des villes et l'ouvrier des campagnes, entre la vaste cité qui est «la ville de tout le monde» (1), qui n'est grande et puissante que par le concours de toutes les forces vitales du pays, et ces populations que les chemins de fer associent chaque jour davantage à son éclat, à ses ressources, à sa féconde activité. Ne flattons personne, mais cherchons à éclairer tout le monde, et gardons-nous surtout d'entretenir ces étroites et mesquines jalousies qui tendent à diviser deux parties de la France dont les éléments de prospérité sont solidaires, et qui doivent demeurer confondues dans la sollicitude des pouvoirs publics.

Les études prescrites par le gouvernement ont simultanément porté sur les divers moyens de fournir à Paris le supplément d'eau qui lui est devenu indispensable.

La dérivation des eaux de sources a obtenu la préférence.

L'instruction de l'un des projets d'aqueduc est ajournée, jusqu'au résultat d'expériences qui ne sont pas encore autorisées.

Le projet de l'aqueduc de la Dhuis est seul mis aux enquêtes, détaché même du projet d'aqueduc accessoire qui doit lui amener celles des sources du Surmelin qui ont été vendues à la Ville de Paris. La dérivation de la Dhuis s'adresse à une vallée où les sources sont nombreuses. Elle peut satisfaire à une partie des besoins de Paris, sans déshériter la contrée qu'elle a pour point de départ. La commission d'enquête du département de l'Aisne, présidée par le membre du Conseil général de ce département qui représente le canton de

(1) Paroles citées plus haut du rapporteur de la loi du 6 juillet 1860.

Condé, émet un avis favorable. Le rapport et l'avis du Conseil général des ponts et chaussées se prononcent pour la déclaration d'utilité publique. C'est en cet état que l'affaire est portée au conseil d'État.

L'instruction qui précède les décrets de déclaration d'utilité publique est donc, vous en avez la preuve, une instruction grave, approfondie, éclairée. Elle se pénètre, à tous les degrés, de la responsabilité d'un gouvernement qui s'honore de faire prévaloir l'intérêt général sur l'intérêt particulier, mais qui suit l'intérêt général partout, dans les campagnes comme dans les villes, et qui ne laisse à personne le droit de se dire plus jaloux que lui d'écouter l'opinion publique et les vœux des populations.

Ce sont là de sérieuses garanties.

Et, s'il en fallait d'autres, Messieurs les Sénateurs, qui pourrait ne pas croire à la volonté de respecter tous les droits, dans un pays où la liberté civile et l'égalité reposent sur le Code Napoléon et sur des institutions consacrées par le suffrage universel; dans un pays où, en dehors et indépendamment des recours de droit commun, l'affaire la mieux et la plus prudemment étudiée peut, sur la volonté d'un simple citoyen, subir ici l'épreuve d'une discussion qui devient publique et le contrôle redouté de la haute mission constitutionnelle qui vous a été confiée.

C'est l'honneur de la Constitution impériale d'avoir ainsi placé sous votre sauvegarde les grands principes sur lesquels elle repose et l'exacte observation de la limite des pouvoirs.

Sachons reconnaître que, parmi les Constitutions dont on avait le plus vanté les dispositions libérales, il en est peu qui présentent aux citoyens une garantie de protection et de liberté à la fois plus imposante et plus accessible.

Il n'y a que les gouvernements sûrs de leurs intentions et confiants dans le pays qui, sans rien abandonner des pouvoirs dont ils ont l'initiative et la responsabilité, ouvrent dans cette mesure le droit de pétition, et se créent ainsi à eux-mêmes de dignes et prévoyantes entraves.

Par toutes les considérations qui précèdent, la Commission spéciale chargée d'examiner les pétitions relatives au décret impérial du 4 mars 1862, a l'honneur de vous proposer, à la majorité de 8 voix contre 2, de déclarer que le Sénat maintient ce décret.

DÉLIBÉRATION DU SÉNAT.

Après une discussion importante soutenue dans les séances des 27 et 28 juin 1862, le Sénat, à la majorité de 75 voix contre 10, a admis les conclusions de la commission.

(Voir le *Moniteur Universel*, année 1862, n° 179, samedi 28 juin, pages 972, 973, 974; n° 180, dimanche 29 juin, pages 981, 982, 983, 984.)

PRÉFECTURE DU DÉPARTEMENT DE LA SEINE.

VILLE DE PARIS.

SOURCES DE LA DHUIS. — DÉCRET DU 4 MARS 1862

COMITÉ CONSULTATIF.

SÉANCE DU 26 MAI 1862.

Étaient présents :

MM. GAUDRY, *Président*,
PAILLARD DE VILLENEUVE, *Rapporteur*,
BUSSON, DE CHÉGOIN, GRESSIER, JAGER-SCHMIDT, NOGENT-ST-LAURENS,
BEAUMÉ, PICARD.

RAPPORT.

La pétition adressée au Sénat sur la prétendue inconstitutionalité du décret du 4 mars 1862 est elle-même la négation flagrante des principes de notre droit public et de notre droit civil ; elle est contraire à tous les enseignements de la doctrine et de la jurisprudence, à tous les précédents de la pratique administrative et judiciaire, et le débat qu'elle soulève ne comporterait pas un long examen, s'il ne fallait tenir compte du caractère que lui donnent les paroles pro-

5

noncées par deux honorables membres du Sénat, et le renvoi qui a été fait de la pétition à l'examen d'une commission spéciale.

Il est donc nécessaire d'insister sur la question, et, si élémentaires que soient les principes, de les rappeler avec quelque développement.

Deux moyens sont produits pour établir ce qu'on appelle l'inconstitutionalité du décret du 4 mars 1862 :

1° Violation du sénatus-consulte du 25 décembre 1852 et des lois spéciales sur l'expropriation, en ce que la déclaration d'utilité publique, faite dans le seul intérêt de la Ville de Paris, autorise l'expropriation sur le territoire d'autres communes que celle qui doit profiter des travaux à exécuter;

2° Violation des droits qui régissent la propriété et l'usage des sources et cours d'eau, et notamment des articles 641, 642 et 643 du Code Napoléon.

§ 1er.

Le décret du 4 mars 1862 est ainsi conçu :

« Art. 1er. Est approuvé le projet des travaux à faire pour « la dérivation des sources de la Dhuis, conformément « à l'avant-projet et au plan en date des 18 et 20 décembre « 1860, qui demeureront annexés au présent décret.

« Art. 2. Les travaux mentionnés dans l'article 1er sont « déclarés d'utilité publique.

« Art. 3. La Ville de Paris est autorisée à poursuivre « l'expropriation des bâtiments et terrains nécessaires à « l'exécution desdits travaux dans un délai de cinq ans, à « dater de la promulgation du présent décret. »

Deux choses dans ce décret :

La déclaration d'utilité publique ;

Le droit d'expropriation délégué à la Ville de Paris.

En quoi donc ce décret a-t-il excédé son droit ?

L'article 4 du sénatus-consulte du 24 décembre est ainsi conçu :

« Les travaux d'utilité publique, notamment ceux désignés
« par l'article 10 de la loi du 21 avril 1832 et par l'article 3
« de la loi du 3 mai 1841, et toutes les entreprises d'intérêt
« général, sont ordonnés ou autorisés par un décret de
« l'Empereur.

« Ces décrets sont rendus dans la forme des règlements
« d'administration publique. »

Ainsi, l'Empereur est seul juge de la déclaration d'utilité
publique ; il est investi, à cet égard, d'un droit absolu, sans
contrôle souverain.

« C'est là, disait l'exposé des motifs du sénatus-consulte,
« un acte de haute administration qui n'a cessé d'appartenir
« au Pouvoir exécutif jusqu'en 1830, et dont il n'a été
« dépouillé que par des lois empreintes de cet esprit général
« du temps, qui tendait à l'empiètement du Pouvoir par-
« lementaire sur le Pouvoir exécutif. »

Que veut donc aujourd'hui la pétition, quand elle défère
au Sénat une déclaration d'utilité publique faite par le Chef
du Pouvoir exécutif, si ce n'est provoquer le contrôle sur un
acte de haute administration, et faire retour à ces empiète-
ments que le sénatus-consulte de 1852 a eu pour but
d'arrêter?

Mais, dit-on, ce n'est pas la déclaration d'utilité publique
qui est mise en question, c'est la conséquence qu'en tire
l'article 2 du décret, en autorisant l'expropriation d'un cours
d'eau et de terrains situés en dehors du territoire de la
commune de Paris.

Il faut remarquer d'abord, ainsi que le disait l'honorable
rapporteur de la pétition, que le décret ne s'explique pas sur
la nature des droits qu'il peut y avoir lieu d'exproprier ; il
n'avait pas à le faire quant aux sources de la Dhuis, puisque
la cession de ces sources a été consentie par un contrat
amiable ; mais, le décret l'eût-il fait, que c'eût été encore

son droit, et nous verrons plus loin, en rappelant les précédents sur la matière, que, dans la pratique constante de l'administration et de la justice, cela n'a jamais fait question.

Mais, quelle que soit la nature des droits à exproprier par la Ville de Paris, le décret a-t-il pu l'autoriser à exproprier hors de son territoire?

Un honorable membre du Sénat a formulé l'objection suivante :

« Vous n'avez pas le droit de faire pratiquer une expropriation dans un département autre que le vôtre. »

Un honorable membre ajoutait :

« Je vous défie de rencontrer dans la loi de 1841 un seul
« mode de procéder qui soit relatif à la mise à exécution d'une
« expropriation pour cause d'utilité publique poursuivie par
« délégation du Gouvernement, au nom d'une commune,
« pour aller conquérir à son profit quelque avantage qu'elle
« ne peut avoir qu'au détriment d'une autre commune. »

Nous aurons à citer tout à l'heure les nombreux précédents qui répondent au défi porté par l'honorable membre : voyons d'abord s'il est vrai que la loi ne permette pas à l'expropriation sollicitée par les besoins d'un département ou d'une commune de franchir les limites de son territoire.

Quel est, en principe, le but de la déclaration d'utilité publique? C'est d'autoriser l'expropriation, c'est de donner satisfaction à cette règle fondamentale proclamée par l'article 545 du Code Napoléon : « Nul ne peut être contraint de céder
« sa propriété, si ce n'est pour cause d'utilité publique. »

L'article 2 de la loi du 3 mai 1841 dit :

« Les tribunaux ne peuvent prononcer l'expropriation,
« qu'autant que l'utilité publique en a été constatée dans les
« formes prescrites par la loi.

« Ces formes consistent :

« 1° Dans la loi ou l'ordonnance (aujourd'hui le décret
« impérial) qui autorise l'exécution des travaux pour lesquels
« l'expropriation est requise;

« Dans l'acte du Préfet qui désigne les *localités* ou *terri-*
« *toires* sur lesquels ces travaux doivent avoir lieu, lorsque
« cette désignation ne résulte pas de la loi ou de l'ordon-
« nance ;

« 3° Etc... »

Ainsi, la loi est conçue en termes généraux : l'expropriation pourra se faire partout où l'utilité publique devra l'exiger,
à cette condition seule, qu'avant le jugement il y aura eu
désignation des *localités* ou *territoires* sur lesquels les travaux devront être exécutés ; et l'on voit par cette expression
territoire, qui, dans la langue du droit, s'entend d'une circonscription départementale ou communale, on voit, disons-
nous, que la loi ne veut pas renfermer le droit d'expropriation
dans les limites du même département ou de la même
commune.

Cela est vrai, dit-on, mais à une condition, c'est qu'il
s'agira d'un intérêt général ayant le caractère d'utilité pour
tous les départements, toutes les communes que devra
traverser l'expropriation ; il n'en sera plus de même s'il
s'agit d'un intérêt purement départemental, purement communal, et alors l'expropriation ne pourra pas être autorisée
hors du département, de la commune.

Où a-t-on vu une telle distinction ?

Sans doute, la loi reconnaît qu'à côté des travaux qui
peuvent intéresser l'État, il y en a qui peuvent intéresser
spécialement, exclusivement même, tel département, telle
commune.

« Tous grands travaux publics, dit l'article 3 de la loi du 3
« mai 1841..., entrepris par l'État, les *départements,* les
« *communes,* ou *par compagnies particulières....* »

Et le sénatus-consulte de 1852 se réfère à cet article 3,
plaçant ainsi dans la main du Pouvoir exécutif l'attribution
qui, antérieurement, appartenait au Pouvoir législatif, quant
à l'appréciation de l'utilité que peuvent présenter ces grands
travaux.

Le second paragraphe de l'article 3 de la loi du 3 mai s'oc-
cupe, ensuite, des travaux qui peuvent présenter un intérêt de
moindre importance, ou tout local ; mais ces travaux sont
placés, quant au droit de l'expropriation, sur la même ligne
que les *grands travaux* d'utilité publique, et ils ne sont
soumis à aucune restriction quant à l'exercice ou à l'étendue
de ces droits.

Où arriverait-on avec un système contraire, et quelles
seraient les conséquences de l'interprétation donnée à la loi
par les auteurs et les défenseurs de la pétition?

Chaque circonscription départementale ou communale
resterait isolée dans les limites de son territoire, serait
immobilisée dans la satisfaction de ses besoins, dans le développement de ses intérêts, serait condamnée à l'impuissance,
à la stérilité, parce qu'il lui serait défendu d'aller chercher en
dehors de sa zone géographique, même au prix d'une
indemnité, les éléments qui lui manquent pour assurer sa
salubrité, son alimentation.

Il n'est pas possible qu'il en soit ainsi, et que la loi ait à
ce point méconnu le principe de solidarité, qui est la base de
notre droit public, et qui relie au faisceau de l'utilité publique chacun des intérêts locaux dont se compose l'intérêt
général.

L'intérêt communal est un intérêt local, soit ; mais quand
le Pouvoir exécutif l'a élevé à la hauteur de l'utilité publique,
il doit être respecté, satisfait partout où le Souverain, usant
d'un pouvoir qui n'appartient qu'à lui, a ordonné qu'il en fût
ainsi.

A un autre point de vue, il y aurait dans la loi, si
elle devait être autrement entendue, une étrange contradic-
tion.

L'article 4 du sénatus-consulte de 1852 et l'article 3 de la loi
du 3 mai 1841 autorisent la déclaration d'utilité publique, et
par conséquent l'exercice du droit d'expropriation au profit des
entreprises d'un intérêt général et des *compagnies particu-*

lières ; or, en ce qui concerne ces entreprises et ces compagnies, les défenseurs de la pétition ne soutiennent pas assurément que le droit d'expropriation doive être localisé dans le département, dans la commune où ces entreprises, ces compagnies ont leur siége et leur exploitation. L'intérêt départemental ou communal serait donc dans une situation moins favorable que l'intérêt d'une industrie privée.

Cela est impossible à admettre.

Du moment où le Pouvoir exécutif a imprimé à un travail le caractère d'utilité publique, que ce travail se fasse pour le compte et dans l'intérêt de l'État, d'un département ou d'une commune, il est ordonné ou autorisé au même titre par le Souverain, et il reçoit de lui, dans les mêmes termes, la délégation du droit d'expropriation.

Le sénatus-consulte de 1852 a eu précisément pour but d'affranchir les travaux d'utilité publique des liens de l'égoïsme local :

« Le Gouvernement, dit encore l'exposé des motifs, isolé « de ces passions locales qui ont engendré ces luttes arden- « tes dont nous n'avons pas perdu le souvenir, embrassant « avec sollicitude et dans un examen d'ensemble les besoins « généraux du pays, est mieux placé pour décider de telles « questions avec promptitude et célérité. »

C'est donc méconnaître cette pensée du sénatus-consulte que de vouloir substituer à son initiative, et à la décision qu'il prend dans l'intérêt général, les considérations secon-daires d'un intérêt local qui, d'ailleurs, a toute satisfaction dans l'indemnité que lui assure l'exercice du droit d'expro-priation.

Un honorable sénateur a opposé un autre moyen à l'exer-cice du droit d'expropriation que le décret du 4 mars délègue à la Ville de Paris, il a dit :

« Il est de principe qu'une commune ne peut, même sur « son propre territoire, exproprier un objet quand elle est « en possession d'un objet semblable ; c'est un principe

« reconnu et appliqué par le Conseil d'État. » Et l'orateur a
ajouté que la Ville de Paris, qui avait un fleuve à sa disposition, n'avait pas le droit d'aller prendre ailleurs un cours
d'eau.

Dans quelle disposition de la loi est donc écrit le principe
que l'honorable membre a posé en termes si absolus? Et n'y
a-t-il pas une confusion évidente dans l'interprétation que
l'on donne aux décisions du Conseil d'État?

En effet, les décrets portant déclaration d'utilité publique
doivent être délibérés en Conseil d'État. Qu'a donc à examiner le Conseil d'État?

S'il y a ou non utilité publique. Or, s'il se présente une circonstance dans laquelle une commune demande que le droit
d'expropriation lui soit accordé pour un travail quelconque,
le Conseil d'État peut repousser la demande, soit parce
qu'un travail analogue existe dans la commune et est suffisant à ses besoins, soit par tout autre motif; c'est là une
question d'appréciation de ce qui est ou n'est pas d'utilité
publique.

Mais est-ce à dire que lorsque le Conseil d'État a délibéré,
que lorsque le décret impérial a tranché la question dont,
aux termes de la constitution, il était le seul juge, est-ce à
dire qu'il appartienne à aucun pouvoir, quel qu'il soit, politique ou judiciaire, de reviser l'acte du Souverain, d'en con-
trôler les motifs, d'en paralyser l'exécution?

Non; la Constitution ne permet pas de mettre en question
l'utilité publique quand elle est déclarée. Soutenir le contraire, c'est annuler le sénatus-consulte de 1852, c'est vouloir revenir au système des lois de 1833 et 1841, et dépouil-
ler le Pouvoir exécutif du droit qui lui appartient.

L'objection à laquelle nous venons de répondre donne lieu
à une observation qui n'est peut-être pas sans importance.

On dit que la Ville de Paris a un fleuve dont elle peut disposer, et qu'elle n'a pas besoin de dériver des sources nécessaires, prétend-on, à d'autres populations. Ceux-mêmes

qui raisonnent ainsi reconnaissent que les nécessités d'une alimentation salubre exigent que la prise d'eau soit faite en amont de Paris et des usines qui corrompent et dénaturent les eaux; mais alors, la prise d'eau sera faite en dehors du territoire de la commune de Paris, et si les terrains néces- saires aux travaux ne peuvent être acquis à l'amiable, que pourra faire la Ville de Paris, puisqu'on lui conteste le droit d'expropriation en dehors de son territoire?

Faut-il ajouter aux considérations qui précèdent des rai- sons tirées du texte même de la loi du 3 mai 1841 ?

L'article 12 de cette loi a formellement reconnu que l'expro- priation pouvait s'étendre en dehors des limites de la com- mune pour le compte et dans l'intérêt de laquelle se faisaient les travaux. Cet article dit, en effet, que les dispositions des art. 8, 9 et 10, ne sont pas applicables au cas où l'expro- priation est demandée dans un intérêt purement communal ; d'où la conséquence que, si l'expropriation affecte le territoire d'une autre commune, il en résulte, non que l'expropriation ne pourra avoir lieu, mais qu'il faudra remplir les formalités exigées par les articles 8, 9 et 10. (Il faut remarquer que ces for- malités ne doivent être accomplies que sur l'enquête pres- crite par le titre II de la loi, et que la procédure administra- tive à suivre sur le décret du 4 mars n'en est pas encore arrivée là.)

C'est ainsi que la Cour de cassation l'a décidé, par arrêt du 13 mars 1848, arrêt rendu sur une espèce dans laquelle il s'agissait d'une expropriation requise par la Ville de Paris sur le territoire de la commune des Batignolles, pour l'agran- dissement du cimetière du Nord.

La commune des Batignolles s'opposait à l'expropriation. Par quel motif? Était-ce parce qu'elle ne devait pas profiter du résultat des travaux ? En aucune façon. C'était par suite d'un vice qu'elle signalait dans la procédure, et la Cour de cassation, en se prononçant sur ce moyen de nullité, con- firma formellement, en principe, le droit d'expropriation.

La jurisprudence administrative est conforme à cette doctrine. Les archives du Conseil d'État fournissent chaque année de nombreux exemples à l'appui de la thèse qui est combattue par la pétition, et on peut dire qu'avant comme depuis les lois de 1833 et de 1841 sur l'expropriation, il n'y a pas une seule déclaration d'utilité publique rendue dans l'intérêt d'un département ou d'une commune qui ait restreint le droit d'expropriation. On peut même affirmer que cette doctrine, qui ne serait autre que celle de la *territorialité* de l'expropriation, est aussi nouvelle qu'inconciliable avec les principes du droit, et qu'elle n'avait jusqu'ici jamais apparu ni dans les théories des plus subtils commentateurs de la loi, ni dans les tentatives les plus désespérées qu'aient pu concevoir les spéculations de l'intérêt privé.

§ 2.

Est-il plus vrai de dire que le décret du 4 mars viole les articles 641, 642 et 643 du Code Napoléon?

La réponse, sur ce point, est aussi facile et aussi péremptoire.

Les griefs relevés par la pétition peuvent se résumer ainsi :

Un décret ne peut prononcer l'expropriation d'une source qui est l'affluent d'un cours d'eau non navigable ni flottable, et porter ainsi atteinte aux droits et aux intérêts des riverains ou des communes que traverse ce cours d'eau.

Il y a lieu de répondre, d'abord, comme l'a déjà fait l'honorable rapporteur de la Commission des pétitions, que le décret du 4 mars ne s'explique pas sur l'expropriation des sources de la Dhuis.

Son droit, ainsi que cela sera démontré, eût été de le faire; mais il n'y avait pas lieu d'user de ce droit.

En effet, l'expropriation n'est requise et ordonnée qu'à

défaut par le propriétaire de consentir la cession amiable de sa propriété.

Or, en fait, la Ville de Paris a acquis du propriétaire le fonds dans lequel jaillissent les sources de la Dhuis : elle est aujourd'hui propriétaire du fonds et de la source avec les mêmes droits que son vendeur.

En cet état, le décret du 4 mars n'avait donc point à prévoir ni à autoriser l'expropriation des sources. Mais, comme la Ville de Paris projette de dériver les eaux dont elle est propriétaire, et de les conduire jusque dans son enceinte par le moyen d'un aqueduc, et comme elle n'est pas propriétaire des terrains sur lesquels devront être établis les travaux de cet aqueduc, le décret, en déclarant les travaux d'utilité publique, a autorisé l'expropriation des bâtiments ou terrains qui se trouvent sur le tracé des travaux, tel qu'il est indiqué au plan dressé par l'Administration.

« Est approuvé, dit l'article 1ᵉʳ du décret, le projet des tra- « vaux à faire pour la dérivation des sources de la Dhuis, « conformément à l'avant-projet et au plan ci-dessus visé, « et qui demeureront annexés au présent décret. »

« La Ville de Paris, dit ensuite l'article 2, est autorisée à « poursuivre l'expropriation des bâtiments et terrains néces- « saires à l'exécution desdits travaux, en se conformant aux « dispositions de la loi du 3 mai 1841. »

On le voit, le décret du 4 mars ne préjuge rien sur les droits que peuvent avoir les riverains ou les communes inférieures quant à la jouissance des eaux de la source ; nous verrons tout à l'heure que ces droits n'existent pas, mais nous disons, et la simple lecture du décret suffit pour s'en convaincre, que la question à leur égard est complétement intacte.

Ce n'était pas au décret qu'il appartenait de les résoudre et le décret ne les résout pas. Il les réserve, au contraire, en déclarant qu'il sera procédé conformément à la loi du 3 mai 1841, puisque cette loi admet tous les intérêts à se présenter et à se prévaloir de leurs droits.

Mais si le décret n'avait pas à s'expliquer sur les questions contentieuses auxquelles pourront donner lieu les actes de la Ville de Paris, soit comme propriétaire des sources, soit comme partie expropriante, ce n'est pas non plus au Sénat qu'il peut appartenir de les apprécier.

La question est du ressort des tribunaux, des tribunaux seuls, et un corps politique, si haut qu'il soit placé dans la Constitution et dans le respect de tous, ne saurait diriger ni commander l'initiative judiciaire sans méconnaître l'un des principes fondamentaux de notre droit public, le principe de la séparation des pouvoirs.

La discussion pourrait s'arrêter ici, car, pour répondre au reproche d'inconstitutionalité du décret, il suffit de démontrer qu'il ne s'explique pas sur la question qu'on lui impute d'avoir résolue.

Mais puisque le débat s'est engagé sur cette question, il n'est pas sans intérêt de rechercher où est le droit, de quel côté sont les vrais principes.

Nous dirons donc avec tous les précédents de la doctrine et de la jurisprudence :

Que la Ville de Paris, propriétaire des sources de la Dhuis, peut en disposer à son gré pour tel usage qui lui conviendra, comme l'aurait pu faire son vendeur ;

Que les riverains des fonds inférieurs n'ont aucun droit, aucune indemnité à prétendre, quelque dommage qu'ils puissent éprouver de l'usage que fait la Ville de sa propriété ;

Enfin, que dans tous les cas un décret eût pu déclarer d'utilité publique l'expropriation des sources de la Dhuis.

Les droits des propriétaires d'une source sont réglés et définis par les articles 641, 642, 643 du Code Napoléon :

« Art. 641. Celui qui a une source dans son fonds peut en
« user à sa volonté, sauf le droit que le propriétaire du fonds
« inférieur pourrait avoir acquis par titre ou par prescrip-
« tion. »

« Art. 642. La prescription, dans ce cas, ne peut s'acqué-
« rir que par une jouissance non interrompue pendant l'es-
« pace de trente années à compter du moment où le proprié-
« taire du fonds inférieur a fait et terminé des ouvrages
« apparents, destinés à faciliter la chute et le cours de l'eau
« dans sa propriété. »

« Art. 643. Le propriétaire de la source ne peut en chan-
« ger le cours, lorsqu'il fournit aux habitants d'une com-
« mune, village ou hameau, l'eau qui leur est nécessaire ;
« mais si les habitants n'en ont pas acquis ou prescrit l'usage,
« le propriétaire peut réclamer une indemnité, laquelle est
« réglée par experts. »

Le principe posé par l'article 644 est emprunté à l'ancien
droit :

« Pars enim agri videtur aqua viva (ff. L. 11, *Quod vi aut*
« *clam* ; Cod., L. 6, *De servit. et aq.*). »

« Dominum posse suo commodo, vel divertere, vel reti-
« nere aquam quæ labitur vel oritur in fundo suo in præju-
« dicium vicini, qui etiam per tempus immemoriale usus est
« eadem aqua in fundum suum labente. (Dumoulin, *Notes sur*
« *les Conseils d'Alexandre*, vol. V, conseil 69.) »

« Le propriétaire d'un héritage où se trouvent des sources
« formant un ruisseau, dit Merlin (vo *Cours d'eau*, no 11),
« peut en détourner le cours pour son utilité, même au pré-
« judice de ceux qui sont au-dessous, quoiqu'ils soient en
« possession immémoriale de cette eau pour arroser leurs
« terres, à moins toutefois qu'il n'y ait eu sur cet objet quel-
« que convention particulière. »

Merlin cite à l'appui de cette opinion plusieurs arrêts du
Parlement de Paris, notamment un arrêt du 13 août 1644.

Conformément à cette doctrine, le Code Napoléon pose
comme un principe le droit absolu du propriétaire (*à sa
volonté*, dit l'article 644) sur la source qui se trouve dans
son fonds.

Il n'y a que trois exceptions à l'exercice de ce droit :

Si les fonds inférieurs ont acquis des servitudes par titre ;

S'ils les ont acquises par prescription ;

Si la source fournit aux habitants d'une commune, village ou hameau, l'eau qui leur est nécessaire.

Hors de ces trois exceptions, — et nous verrons tout à l'heure si elles se rencontrent dans la situation actuelle, — le droit du propriétaire est absolu, sans limites.

C'est l'exercice de ce droit que réclame la Ville de Paris.

Que lui oppose-t-on ?

Qu'il y a des droits acquis contre elle au profit des riverains ; que les intérêts des communes dont le territoire s'étend sur les fonds inférieurs éprouveraient, par suite de la dérivation, un préjudice considérable ; que si les eaux de la Dhuis ne leur sont pas aujourd'hui indispensables, elles peuvent le devenir dans le cas où les autres cours d'eau qui leur restent viendraient à disparaître.

Examinons chacune de ces objections :

Des droits acquis au profit des riverains !

Lesquels ? Est-ce par titre ?

Les vendeurs déclarent, dans le contrat passé avec la Ville de Paris, qu'ils n'ont consenti aucune servitude ; et on ne produit pas un seul titre qui vienne contredire cette déclaration.

Est-ce par prescription ? Mais la prescription ne s'acquiert que du jour où le propriétaire du fonds inférieur a fait et terminé des ouvrages apparents destinés à faciliter la chute et le cours de l'eau dans sa propriété.

La doctrine et la jurisprudence s'accordent à dire que ces ouvrages, pour donner lieu à la prescription, doivent être pratiqués sur le fonds même du propriétaire de la source.

M. Troplong (*Prescription*, n° 114) s'exprime ainsi :

« Un individu a une source dans son fonds. Il ne s'en est « pas servi pendant trente ans, parce qu'il n'avait pas intérêt « à l'utiliser, et durant ce temps les eaux, livrées à leur

« cours naturel, ont coulé sur la propriété du voisin, qui s'en
« est servi pour ses besoins. Mais bientôt le propriétaire de
« la source, voulant construire un moulin ou transformer son
« terrain inculte en jardin, *arrête les eaux et en prive l'hé-*
« *ritage inférieur.* La jouissance que le voisin aura eue pen-
« dant trente ans sera-t-elle un motif pour qu'il oppose au
« propriétaire de la source qu'il a perdu la faculté de la rete-
« nir ?

« Cette question a été résolue par presque tous les auteurs
« dans le sens des articles 644 et 642 du Code Napoléon. Sans
« doute, le propriétaire peut acquérir par prescription la
« jouissance des eaux du fonds supérieur ; mais cette pres-
« cription ne s'obtient que par une possession de trente ans,
« soutenue de travaux apparents destinés à faciliter la chute
« de l'eau sur son héritage.

« Le doute pourrait venir cependant de ce que le non-
« usage de la source par le propriétaire du fonds supérieur a
« mis en jeu et engagé l'intérêt d'un tiers, et que cet intérêt,
« ayant été consolidé par une jouissance trentenaire, a droit
« à être respecté. Mais il faut répondre que tant que cette
« jouissance ne s'est pas appuyée sur des travaux apparents
« de nature à éveiller l'attention du propriétaire et à lui
« montrer une volonté bien déterminée à limiter son droit,
« il a pu se reposer sur la faculté qu'a tout propriétaire d'user
« de sa chose à son bon plaisir. Il est vrai que cet usage
« occasionne un préjudice au fonds voisin ; mais il ne lui fait
« pas d'injustice : *Nemo injuriam dat, qui jure suo utitur.*
« Suivant le droit naturel, chacun peut et doit disposer à sa
« volonté de ce qui lui appartient ; tout ce qui est défendu,
« c'est de nuire à autrui, en violant des faits acquis. Mais
« comment pourrait-il y avoir de lésion là où il n'y a pas de
« droit ? »

M. Demolombe (*Servitudes*, nº 80) dit à son tour :

« La condition essentielle et *sine qua non* de l'acquisition
« par prescription, c'est la possession de la chose ou du

« droit d'autrui. Toute prescription commence, sous ce
« rapport, par une usurpation que le temps légitime. La
« prescription, c'est le fait qui devient droit (art. 2229) :
« or, le propriétaire inférieur qui se borne à établir des
« ouvrages sur son propre fonds ne possède rien, ni sur
« le fonds du propriétaire supérieur, ni sur l'eau de la source
« qui est sortie de ce fonds, libre de toute servitude, et qui
« n'appartenait plus au propriétaire de la source lorsqu'elle
« a été utilisée par le propriétaire inférieur sur son propre
« fonds; donc, celui-ci ne peut rien acquérir par prescrip-
« tion. Il s'agit ici, en effet, de l'acquisition d'une servitude
« active au profit du fonds inférieur : or, le propriétaire de
« ce fonds, en faisant chez lui des ouvrages, agit *jure domi-*
« *nii,* et non pas *jure servitutis;* comment donc pourrait-il
« acquérir un droit quelconque de servitude à l'encontre du
« propriétaire de la source, puisqu'il n'a jamais possédé
« aucune espèce de servitude, ni sur son fonds, ni sur sa
« source ? »

M. Daviel, *Cours d'eau,* vol. III, n° 775, professe la même
doctrine.

« Il s'agit de l'acquisition d'une servitude, il faut donc que
« les travaux destinés à consacrer l'usage de l'eau soient
« faits à titre de servitude; et celui qui construit sur son
« fonds *agit jure dominii, non servitutis jure.* Il n'a exercé
« réellement aucune saisine sur le fonds de son voisin, sur
« la source elle-même, et le propriétaire de la source n'a pas
« été mis en demeure de s'opposer à de pareils travaux;
« bien plus, il n'aurait pas eu qualité pour s'y opposer. . .
. . . . . « C'est maintenant un point hors de toute con-
« troverse qu'il faut que ces travaux, destinés à procurer
« l'usage des eaux au propriétaire inférieur, aient été faits par
« lui sur le fonds où naît la source, afin qu'il puisse s'en pré-
« valoir pour la prescription. »

On peut invoquer également Henrion de Pansey, Toullier,
etc., etc.

A ces autorités il faut joindre les décisions de la jurisprudence, qui n'a jamais varié. Nous ne citerons ici que les arrêts de la Cour de cassation :

25 août 1812.	19 novembre 1855.
6 juillet 1825.	11 août 1856.
5 juillet 1837.	1er décembre 1856.
15 avril 1845.	18 mars 1857.
25 février 1854.	8 février 1858.
27 février 1854.	

C'est donc là un point de droit qui est désormais hors de tout débat : il faut que les ouvrages de nature à créer un droit à la prescription aient été faits sur le fonds du propriétaire de la source.

Or, en fait, aucun ouvrage de ce genre n'a été pratiqué.

Il n'y a donc aucun droit acquis contre l'usage et l'exercice des droits dont veut user aujourd'hui la Ville de Paris.

Est-il plus exact de dire qu'il y a lieu d'appliquer les dispositions de l'article 643 du Code Napoléon ?

Au point de vue du droit, la question de dommage pour les fonds inférieurs n'a aucune importance, nous le démontrerons tout à l'heure ; mais il n'est peut-être pas sans intérêt, pour apprécier la valeur morale des plaintes qui se formulent aujourd'hui avec tant d'amertume, de rechercher si, en effet, les communes inférieures doivent éprouver, par suite de la dérivation des sources de la Dhuis, un préjudice sérieux.

Voici, en fait, la situation telle qu'elle est expliquée dans le rapport d'un des ingénieurs de l'administration :

« La Dhuis a son origine dans la commune d'Artonges, « au-dessus de la source appartenant à la Ville de Paris, qui « est située dans la commune de Pargny. Ce ruisseau se confond avec celui de Verdon, en amont de Condé, et se jette « dans le Surmelin, un peu en aval de ce bourg.

« Entre la source de la Ville de Paris et le ruisseau de
« Verdon, la Dhuis reçoit les eaux d'un grand nombre de
« petites sources. Quatre d'entre elles ont été jaugées en
« été et ont donné ensemble 1,706 mètres cubes par vingt-
« quatre heures. Celles qui n'ont pu être jaugées, parce
« qu'elles sont au bord même du ruisseau, débitent au moins
« autant d'eau. On peut donc évaluer à 3,500 mètres cubes
« environ en vingt-quatre heures le produit, en temps sec,
« des sources qui resteront à la Dhuis, après la dérivation
« de celle de la Ville.

« Cette quantité d'eau suffirait à la consommation d'une
« cité de 35,000 âmes abondamment desservie, puisqu'il y
« aurait un débit de 100 litres par vingt-quatre heures pour
« chaque habitant. Or, dans la partie du cours de la Dhuis
« dont il est ici question, ce ruisseau traverse les territoires
« des communes de Pargny et de Montlevon, qui renferment,
« l'une 325 habitants, et l'autre 616.

« Le village de Montlevon, situé sur la rive gauche, à
« plus de 100 mètres au-dessus de la Dhuis, dont le lit est
« très-encaissé, possède une source qui débite 140 mètres
« cubes par vingt-quatre heures en été. Chaque maison y a
« d'ailleurs un puits. Les habitants ne font aucun usage de
« l'eau du ruisseau.

« Quant au village de Pargny, bâti en grande partie sur
« la rive droite et sur le penchant du coteau, il consomme
« surtout, comme celui de Montlevon, l'eau de ses puits,
« généralement bonne.

« Le Verdon débite en temps sec au moins 2,600 mètres
« cubes par vingt-quatre heures. La quantité d'eau qui arri-
« vera encore au bourg de Condé, après la dérivation de la
« source de la Ville de Paris, dépassera donc 6,000 mètres
« cubes par vingt-quatre heures. C'est plus d'eau qu'il n'en
« faut pour une ville de 60,000 âmes, à raison de 100 litres
« par tête et par jour : or, le bourg de Condé ne compte que
« 763 habitants.

« La vallée étroite au fond de laquelle coule la Dhuis se
« prête mal à la culture des prairies. On n'y fait aucune irri-
« gation. L'eau de ce ruisseau n'est utilisée que pour abreu-
« ver les rares bestiaux de la vallée, et pour faire tourner
« huit petits moulins. Celui de Pargny appartient, aussi bien
« que la source qui le fait mouvoir, à la Ville de Paris ; les
« sept autres sont loués 800 francs en moyenne. L'impor-
« tance des indemnités que la Ville est disposée à payer
« (quoiqu'elle n'y soit pas tenue), pour désintéresser les pro-
« priétaires et les usiniers, ne saurait donc s'élever à une
« très-forte somme.

« Le Surmelin, dans lequel se jette la Dhuis immédiate-
« ment au-dessous de Condé, reçoit, de son origine jusqu'au-
« dessus du confluent, des sources qui débitent ensemble plus
« de 30,000 mètres cubes d'eau par vingt-quatre heures en
« été. »

Il restera donc dans le lit du ruisseau, après le détournement des sources de la Ville, un volume d'eau plus que suffisant pour assurer les besoins des habitants.

Quant aux usines qui peuvent avoir à souffrir, ou plutôt
qui peuvent craindre d'avoir à souffrir de la diminution des
eaux, la Ville de Paris a été au-devant de ces appréhensions,
quelque peu fondées qu'elles puissent être. Son droit était de
rester indifférente, comme la loi l'y autorisait, aux dommages
que pouvait entraîner l'usage légitime de sa propriété : elle
ne l'a pas voulu. Elle a compris qu'un projet qui devait être
une amélioration dans le bien-être de ses habitants, qui devait
assurer dans de meilleures conditions d'hygiène et d'économie
l'alimentation et la salubrité de la capitale de l'Empire, ne
devait pas être en même temps une cause de gêne, même seulement d'inquiétude pour des intérêts privés. Elle n'a donc fait
nulle difficulté d'acquérir les usines qui, placées en aval de ses
sources, pouvaient avoir à souffrir de la dérivation, et, dans
une récente séance, le Conseil municipal de Paris, sur la
demande de M. le Préfet de la Seine, a autorisé l'acquisition

de plusieurs moulins dont le roulement pourrait être compromis par les divers projets de dérivation que veut exécuter la Ville de Paris.

Cela dit sur la situation qui est faite aux riverains et aux communes, revenons au principe de l'article 643.

Cet article oblige le propriétaire de la source à laisser jouir, moyennant indemnité, les habitants des communes, villages ou hameaux, de l'eau qui leur est *nécessaire*.

Quel doit être le caractère de cette *nécessité* ?

La doctrine et la jurisprudence sont encore unanimes sur ce point.

Il ne s'agit dans l'esprit de l'article 643, ni de l'eau nécessaire au mouvement des usines, ni de celle que réclament les besoins de l'*agrément*, de la simple *utilité*, même de l'agriculture; il s'agit seulement de celle qui est nécessaire à l'alimentation des hommes et des bestiaux.

Or, en fait, la pétition reconnaît elle-même que telle n'est pas la situation des communes inférieures, et on a pu voir par les détails qui précèdent, qu'en effet les nécessités de l'alimentation ne sont nullement compromises. Mais on dit que l'état de choses actuel peut se modifier, et, dans la prévision de cet avenir, les communes peuvent s'opposer à la dérivation.

Ce ne peut être là un argument sérieux. Il est évident que la loi a entendu parler d'un intérêt *actuel*, constaté au moment de la réclamation, et que s'il fallait se placer en présence des hypothèses géologiques que peut amener la révolution des temps, il n'y a pas une seule dérivation qui puisse être autorisée là même où existent aujourd'hui les cours d'eau les plus considérables; car, qui peut assurer qu'un jour ils ne disparaîtront pas ?

Nous avons dit que les auteurs et les arrêts consacraient l'interprétation que nous venons de donner à l'article 643 du Code Napoléon.

Voici ce qu'on lit dans M. Demolombe, n⁰ˢ 94 et 95 :

« Il faut que l'eau de la source soit *nécessaire* aux habitants (art. 643).

« Un simple intérêt de commodité ne suffirait évidemment
« pas; et peut-être même ne convient-il pas de dire, comme
« le fait M. Duranton, qu'*une utilité bien marquée* serait
« suffisante. La loi, qui emploie ce mot ailleurs (art. 545),
« veut ici, au contraire, qu'il y ait nécessité. Telle nous pa-
« raît être du moins la règle qu'il faut poser, sauf à appré-
« cier en fait, suivant les circonstances, le caractère de
« nécessité qui serait invoqué.

« Et la nécessité dont il s'agit ici n'est relative qu'aux
« besoins domestiques, c'est-à-dire à la consommation per-
« sonnelle des habitants et à celle des bestiaux. C'est ce qui
« résulte du texte même de notre article 643, qui ne s'ap-
« plique qu'au cas où la source fournit *aux habitants* l'eau
« qui *leur* est *nécessaire*, à eux-mêmes personnellement; et
« c'est bien là aussi ce qui résulte des discussions prépara-
« toires (Locré, t. VIII, p. 334 et suiv.), d'où il suit que le
« bénéfice de l'article 643 ne pourrait être invoqué :

« Ni pour employer l'eau de la source aux besoins de
« l'agriculture, à l'irrigation des fonds, par exemple, appar-
« tenant soit à la commune elle-même, soit aux habitants
« (Pardessus, t. 1, n° 138);

« Ni pour l'employer comme moyen de traitement curatif,
« s'il s'agissait d'eaux médicinales (Montpellier, 13 février
« 1847, et Cass., 4 décembre 1849, S. 1850, 1, 33);

« Ni pour se servir de la force motrice résultant du cours
« de la source, afin de faire fonctionner les moulins servant
« à l'approvisionnement de la commune. D'anciens auteurs,
« il est vrai, admettaient cette exception au droit du pro-
« priétaire de la source, et la même doctrine a été enseignée
« dans notre droit nouveau par Toullier. Mais les termes
« de l'article 643 ne nous paraissent pas comporter cette
« exception; d'autant plus que, après tout, il est possible
« de porter ailleurs les grains à moudre, tandis qu'on ne

« peut pas remplacer l'eau nécessaire aux besoins de la vie.»

M. Daviel (*Traité des Cours d'eau*, t. III, nᵒˢ 788 et 789), dit :

« La nécessité publique fait aussi exception au droit ab-
« solu du propriétaire de la source de disposer des eaux.

« Lorsque le cours de la source fournit aux habitants
« d'une commune, village ou hameau, l'eau qui leur est
« nécessaire, encore bien qu'ils n'aient ni titre ni prescrip-
« tion acquise conformément à l'article 642, ils peuvent s'op-
« poser au détournement des eaux ; mais le propriétaire de
« la source peut réclamer une indemnité, qui est réglée par
« experts.

« Quelques anciens auteurs font rentrer dans cette excep-
« tion au droit du propriétaire de la source le cas où les
« eaux feraient mouvoir un moulin servant à l'approvision-
« nement d'une commune. Suivant eux, il serait alors in-
« terdit au maître de la source d'en détourner le cours.
« M. Toullier paraît adopter cette opinion ; mais les termes
« de l'article 643 du Code la repoussent formellement. Ils ne
« s'appliquent qu'au droit de puiser de l'eau pour les besoins
« du ménage et pour abreuver les bestiaux. Dans ce cas seu-
« lement l'eau est vraiment nécessaire. On peut toujours sup-
« pléer par l'emploi d'autres forces motrices à l'impossibilité
« de conserver un moulin à eau : on peut porter ailleurs les
« grains à moudre ; au lieu qu'il n'y a pas moyen de sup-
« pléer à l'eau pour les besoins des hommes et des ani-
« maux. »

La jurisprudence prononce dans le même sens. Nous citerons notamment un arrêt tout récent de la Cour de Cassation, du 4 mars 1862.

Nous terminerons cette partie de la discussion en rappelant deux arrêts, l'un de la Cour de Cassation, du 8 février
1858, l'autre de la Cour impériale de Paris, du 15 mai
1858, rendus tous deux dans une espèce analogue à celle
qui se débat aujourd'hui, et qui définissent nettement la

nature et l'étendue du droit de propriété consacré par l'article 644 du Code Napoléon.

Voici dans quelles circonstances ces arrêts ont été rendus :

Une Compagnie formée au Havre, pour la fourniture et la distribution des eaux nécessaires à la consommation de la ville, avait acheté des héritiers de M. d'Houdetot le domaine sur lequel jaillissent les sources de Saint-Laurent; puis, cette acquisition faite, la Compagnie avait dirigé les eaux vers le Havre.

Avant la dérivation, les sources de Saint-Laurent alimentaient en grande partie une petite rivière appelée rivière de Gournay. Un sieur Hubin, propriétaire de deux usines sur cette rivière, privé d'une partie notable de sa force motrice, forma contre la Compagnie des eaux du Havre une action ayant pour objet de la faire condamner à rendre les eaux à leur cours primitif.

Cette prétention, repoussée par le tribunal du Havre, adoptée par la Cour de Rouen, a été condamnée par la Cour de cassation, dont l'arrêt, en date du 8 février 1858, dit :

« Attendu qu'aux termes des articles 644 et 642 du Code « Napoléon, celui qui a une source dans son fonds peut en « user à sa volonté, sauf le droit que le propriétaire du fonds « inférieur aurait acquis par titre ou par prescription;

« Que la prescription ne peut courir qu'à compter du jour « où le propriétaire du fonds inférieur a fait et terminé, *sur* « *le fonds supérieur d'où la source jaillit*, des ouvrages « apparents destinés à faciliter la chute et le cours de l'eau « dans sa propriété...... Casse. »

Sur le renvoi, à la date du 15 mai 1858, la Cour de Paris, en audience solennelle, a rendu, sous la présidence de M. le premier président Delangle, et sur les conclusions conformes du ministère public, un arrêt qui résume les principes avec une énergique précision. Voici les premiers considérants de cet arrêt :

« Considérant qu'aux termes de l'article 644 du Code

« Napoléon, les sources sont l'accessoire du fonds où elles
« jaillissent, et qu'en vertu du principe que la propriété est
« le droit de jouir et de disposer des choses de la manière la
« plus absolue, le propriétaire du fonds en peut faire tel
« usage qu'il juge convenable, les retenir, en changer le
« cours, sans que le propriétaire inférieur, *quelque dom-*
« *mage qui résulte pour lui du changement,* y puisse for-
« mer opposition et réclamer une indemnité ;

« Considérant que l'exercice du droit, en pareille matière,
« n'a d'autres limites que les concessions émanées du pro-
« priétaire lui-même ou l'acquisition que le propriétaire
« inférieur aurait faite de l'usage des eaux par le moyen de
« la prescription..... »

Cet arrêt, dans sa disposition finale, répond encore à une
objection faite aujourd'hui au nom des propriétaires de moulins ou d'usines en aval de la Dhuis :

« Considérant, dit la Cour, que s'il est intervenu des actes
« de l'Administration pour le règlement des usines de l'ap-
« pelant, ces actes, étrangers au propriétaire des sources,
« n'ont porté aucune atteinte à son droit, les mesures de
« police ne pouvant ni altérer ni déplacer la propriété ;
« qu'*avant comme après ces mesures les eaux litigieuses*
« *sont restées* EAUX PRIVÉES.... »

Après de si graves et de si nombreuses autorités, est-il
nécessaire d'insister encore pour démontrer le droit de la
Ville de Paris, et pour repousser les reproches que l'on veut
faire tomber de si haut sur ses actes ?

S'il le fallait, nous pourrions invoquer les dispositions des
lois des 29 avril 1845 et 11 juillet 1847 :

« Tout propriétaire, dit l'article 1er de la loi de 1845, qui
« voudra se servir, pour l'irrigation de ses propriétés, des
« eaux naturelles ou artificielles *dont il a le droit de dis-*
« *poser,* pourra obtenir le passage de ces eaux sur les fonds
« intermédiaires, etc. »

Dont il a le droit de disposer, dit la loi, et ces expressions sont reproduites dans l'article 1er de la loi du 11 juillet 1847 ; l'eau est donc susceptible de propriété, d'*appropriation*, et ceux qui nient cette faculté d'*appropriation* doivent arriver à cette conséquence, que les lois de 1845 et de 1847 disent un non-sens en parlant du *droit de disposer*. — Non, ces lois ne méritent pas un tel reproche ; elles ne font que développer le principe écrit dans l'article 644 du Code Napoléon.

Supposons donc que l'ancien propriétaire des sources de la Dhuis eût voulu user de ses eaux pour l'irrigation de propriétés plus ou moins lointaines, eût-il pu le faire ? — Évidemment, oui. Non-seulement il eût pu dériver ses eaux, mais, aux termes des lois de 1845 et de 1847, il eût pu contraindre ceux-là mêmes qu'il privait de l'écoulement de ces eaux à recevoir sur leurs terrains, si ces terrains eussent été intermédiaires, les travaux nécessaires pour l'établissement de son aqueduc jusqu'aux champs à arroser.

Que ces champs se fussent trouvés à un, à dix ou à vingt kilomètres du point de départ des eaux, qu'importe ? Le droit ne se mesure pas au volume des eaux ou à la longueur d'un aqueduc : il est ou il n'est pas le droit, non suivant l'importance de son usage, mais suivant sa nature et son principe.

Ce qu'aurait pu faire l'ancien propriétaire des sources de la Dhuis, la Ville de Paris, qui est en son lieu et place, le pourrait-elle ? Si elle voulait irriguer des propriétés à elle appartenant, serait-elle en droit d'invoquer les dispositions des lois de 1845 et de 1847 ?

Qui oserait le nier ?

Et cependant il y aurait dérivation ; et cependant les fonds inférieurs cesseraient de recevoir les eaux portées ailleurs. Or, ce que la Ville de Paris pourrait faire pour les besoins de l'irrigation, en vertu des lois spéciales sur la matière, elle le fait pour les besoins de son alimentation, de sa salubrité, en vertu d'une déclaration d'utilité publique.

Dans l'un et l'autre cas, elle use de son droit de propriété.

6

Et maintenant, faut-il entrer dans l'examen de la distinction que l'on veut faire entre les eaux *privées* et les eaux *publiques*; entre celles qui, ayant le caractères d'eaux *privées* dans leur origine, prennent celui d'eaux *publiques* en devenant l'un des affluents d'un des principaux cours d'eau qui est ou n'est pas navigable et flottable?

C'est là une distinction de fantaisie, que la loi n'admet pas. Comme le dit l'arrêt de la Cour impériale de Paris du 15 mai 1858, le droit de propriété ne saurait se *déplacer* ni *s'altérer* par des faits auxquels est étranger celui qui est par son titre investi de ce droit.

Qu'importe qu'une fois sorties du fonds du propriétaire, les eaux aient ou n'aient pas un caractère public, en ce sens que les riverains puissent en user et que l'Administration ait sur elle son droit de police et de réglementation? Ce qu'il faut rechercher, c'est si les eaux ont perdu leur caractère d'eaux *privées* entre les mains du propriétaire, et si, par conséquent, il peut être entravé dans l'usage de son droit de propriété.

Or, nous avons vu à quelles conditions pourrait se perdre le caractère du droit privé, et aucune de ces conditions ne se rencontre dans l'espèce.

Après ce qui vient d'être dit, c'est une question surabondante que celle de savoir si, en vue de l'utilité publique, l'expropriation d'une source, d'un cours d'eau, peut être autorisée; mais puisque la question a été soulevée, il n'est pas sans intérêt de l'examiner en peu de mots.

Il est de principe, du moment où une source constitue une propriété, qu'elle peut être expropriée, comme toutes les autres natures de biens immobiliers, comme le sont une servitude, un usufruit.

Pourquoi n'en serait-il pas ainsi quand il y a nécessité de le faire au point de vue de l'utilité publique?

On n'a jamais dénié à l'État le droit d'exproprier des sources, des cours d'eau, soit pour les besoins de l'alimentation, soit pour la création et la navigabilité des canaux. (Voir Garnier, *Régime des eaux*, vol. V, p. 93.)

La pratique administrative est conforme à cette doctrine, et nous nous bornerons à rappeler ici quelques précédents.

En 1837, la ville de Dijon se proposait de dériver la source du Rosoir, située sur le territoire de la commune de Messigny, et appartenant par moitié à l'État et à cette commune. Trois communes, Messigny, Vantoux et Ahuy, avaient des droits sur les eaux de cette source.

Une ordonnance royale du 31 décembre 1837 (1) déclara l'utilité publique, non-seulement en ce qui concernait l'acquisition des terrains, mais encore pour celle de la source.

La ville de Dijon a donc été autorisée à acquérir par voie d'expropriation une source située hors de son territoire, et à l'eau de laquelle trois autres communes avaient droit.

Voici les principaux passages de cette ordonnance :

« Louis-Philippe, etc.

« Notre Conseil d'État entendu, avons ordonné et ordon-
« nons ce qui suit :

« Article 1er. Sont déclarés d'utilité publique l'établisse-
« ment de fontaines publiques dans la ville de Dijon (Côte-
« d'Or) et les travaux nécessaires pour amener à ces fontai-
« nes les eaux de la source du Rosoir.

« En conséquence, ladite ville est autorisée :

« 1o A dériver pour cet usage les eaux de ladite source ;

« 2o A acquérir à l'amiable, et, s'il y a lieu, par l'applica-
« tion de la loi du 7 juillet 1833, les terrains, usines et
« autres propriétés qui seraient reconnues nécessaires pour
« la dérivation de ces eaux et l'exécution des travaux qu'elle
« entraînera.

« Un règlement d'administration publique déterminera :

___

(1) On remarque que l'expropriation a été autorisée par une simple ordonnance royale.

« 1° La répartition des eaux de la source du Rosoir,
« entre les communes de Messigny, Vantoux et Ahuy, et la
« ville de Dijon ;

« 2° Les travaux d'art destinés à opérer cette répartition,
« lesquels travaux devront être à la charge de la ville de
« Dijon. »

L'expropriation de la source eut lieu, et l'indemnité fut
réglée par le jury de la manière suivante :

Pour l'État, propriétaire de la moitié de la
source................................... 300 fr.

Pour la commune de Messigny, propriétaire
de l'autre moitié de la source.............. 9,000

La répartition de l'eau entre les communes usagères et la
ville de Dijon fut faite de la manière suivante, par l'ordonnance du roi du 31 décembre 1837.

A Messigny, 1/25e du débit de la source ;

A Vantoux, 1/141e ;

A Ahuy, 1/37e ;

A Dijon le reste, soit un peu plus des 11/12es de la
source.

Mais ce n'est pas tout.

La source du Rosoir, qui débite de 4 à 5,000 mètres cubes
d'eau par vingt-quatre heures, est le principal affluent de la
petite rivière de Suzon.

Trois meuniers et le propriétaire d'un réservoir réclamè-
rent à la ville de Dijon une indemnité, les premiers de
25,000 francs chacun, le dernier de 15,000 francs.

La ville de Dijon refusa de payer, attendu que les récla-
mants n'avaient fait sur le bassin de la source aucun des travaux exigés par l'article 642 du Code Napoléon, et n'avaient
pu par conséquent acquérir par prescription la jouissance
du cours d'eau.

Le meunier de Messigny et le propriétaire du réservoir
portèrent l'affaire devant le tribunal civil.

Le premier fut repoussé par un jugement du 17 février 1842.

Le second se désista.

C'est là un précédent décisif : ce n'est pas le seul.

En 1851, la ville d'Auxerre détourne à son profit, en vertu d'une ordonnance royale du 8 février 1848, la source de Vallan, située dans la commune de ce nom.

En 1852, un décret du 7 juin autorise la ville de Bordeaux à acquérir, soit à l'amiable, soit par voie d'expropriation, les sources, terrains et bâtiments nécessaires pour l'exécution du projet de dérivation des eaux du Taillan.

Les sources du Taillan sont situées dans la commune de ce nom. Pour les conduire à Bordeaux, il a fallu traverser les territoires d'Eyzines et de Bouscat.

Ces sources alimentaient en partie la jalle de Blanquefort avant leur dérivation.

En 1855, un décret du 12 décembre a déclaré d'utilité publique l'expropriation, au profit de la ville de Pierrevert (Basses-Alpes), de la source dite du Défend, ainsi que des terrains nécessaires pour la conduite des eaux destinées à l'alimentation des fontaines.

En 1856, trois décrets rendus les 23 janvier, 19 mars et 1er août, autorisent successivement l'expropriation : au profit de la commune de Roque-Abric (Vaucluse), d'une source et de terrains nécessaires pour l'établissement d'une fontaine publique; au profit de la commune de la Chapelle-Saint-Kirain (Haute-Loire), de la source dite le Poirier-Coquard, et des terrains nécessaires pour l'établissement d'un château d'eau et le passage de tuyaux de conduite ; au profit de la ville de Vannes (Morbihan), des terrains nécessaires pour l'établissement d'une conduite d'eau partant des sources de Mençon et aboutissant au champ de foire de Vannes.

En 1857, quatre décrets des 3 et 16 juillet et du 5 décembre, ont autorisé successivement l'expropriation : au profit de la ville de Lorient (Morbihan), des sources et terrains nécessaires pour l'établissement de conduites d'eau partant de la commune de Queven et aboutissant au marché Saint-Louis de Lorient ; au profit de la ville de Metz (Moselle), des sources dites des Bouillons et de Parfondeval, situées sur le territoire de la commune de Gorge, ainsi que des terrains nécessaires pour une distribution d'eau ; au profit de la ville d'Antrain (Ille-et-Vilaine), de la source de la Bertinière, pour l'établissement de fontaines publiques ; au profit de la ville de Nevers (Nièvre), des sources de Jeunot et de Véninges, situées sur les territoires des communes d'Urty et de Varennes, pour l'alimentation de fontaines publiques.

En 1859, deux décrets des 31 mars et 18 avril ont déclaré d'utilité publique l'expropriation, au profit des villes de Fécamp (Seine-Inférieure) et Saint-Etienne (Loire), des eaux des sources dites fontaines de Grainval et du Furens, ainsi que des terrains nécessaires pour la dérivation.

En 1860, un décret du 18 juillet autorise la ville de Cette (Hérault) à exproprier la source d'Yssanka et divers terrains pour l'établissement d'une distribution d'eau.

Enfin, en 1861, deux nouveaux décrets : le premier, du 5 juin, autorise la ville du Puy à acquérir par expropriation, pour l'établissement d'une distribution d'eau, plusieurs sources et parcelles de terrain situées sur le territoire des communes de Saussac-l'Eglise, de Cessac et du Puy ; le second, du 7 novembre, déclare d'utilité publique les travaux de conduite et de distribution des eaux de la source d'Orgnes, commune du même nom, dans celle de Monfrin (Gard).

Ces précédents, que signale la pratique avant et depuis la loi du 3 mai 1841, avant et depuis le sénatus-consulte du 25 décembre 1852, dispensent de plus longs commentaires.

Résumons en peu de mots cette discussion, assurément trop longue en raison de la facilité que présente la solution des questions soulevées par la pétition.

La déclaration d'utilité publique appartient au Souverain, sans contrôle, sans recours.

Du moment où l'utilité publique est déclarée, que les travaux autorisés soient à faire pour le compte et dans l'intérêt de l'État, d'un département, ou d'une commune, l'expropriation n'est pas arrêtée par les limites du département ou de la commune; elle se fera partout où la déclaration d'utilité publique juge nécessaire qu'elle soit autorisée.

Le décret du 4 mars 1862 est donc rendu dans les termes du droit constitutionnel, qui appartient au Pouvoir exécutif.

Le droit que prétend exercer la Ville de Paris est consacré par les articles 641, 642, 643 du Code Napoléon. L'usage qu'elle en veut faire est conforme à tous les précédents de la pratique.

Un dernier mot, car il est peut-être nécessaire de répondre à des paroles dont la gravité n'a échappé à personne, et qui devaient émouvoir profondément l'Administration municipale de Paris.

On l'a dit avec raison, en citant un savant jurisconsulte :

« Le jour où il serait loisible à l'État de faire invasion
« dans le domaine privé, et, sous prétexte de le soumettre à
« une exploitation plus profitable à la société, de dessaisir
« un propriétaire pour se substituer à lui dans la possession
« et dans la jouissance de son bien, ou de la transférer à un
« autre, ce jour-là l'État sera tout, le citoyen rien, et le
« socialisme triomphera. »

A qui s'adressaient ces paroles?

Est-ce à la Ville de Paris?

Que demande-t-elle donc? Quels droits réclame-t-elle qui ne soient les siens, qui ne soient reconnus, consacrés par la loi? Elle demande qu'il lui soit permis d'user de sa propriété, au même titre que le pourrait faire tout citoyen investi d'une propriété analogue. Elle demande qu'on ne lui refuse pas,

parce qu'elle est la capitale de l'Empire, le bénéfice de la loi
générale, comme en ont joui avant elle tant d'autres communes, qui avaient les mêmes besoins à côté des mêmes
droits. Et il serait bien injuste assurément de dire qu'elle
exagère son droit, qu'elle abuse de sa puissance, quand, par
un sentiment d'équité que la loi ne lui impose pas, elle
consent, autant qu'il est en elle, à réparer des dommages
dont elle pouvait décliner la responsabilité.

Dans une telle situation, l'Administration municipale de
Paris doit s'applaudir du débat que l'on a cru devoir provoquer devant la haute juridiction du Sénat.

AVIS.

Le Comité,

Consulté sur les questions soulevées par la pétition adressée au Sénat, relativement à la constitutionalité du décret du
4 mars 1862 ;

Vu le décret du 4 mars 1862 ;
Vu l'article 4 du sénatus-consulte du 25 décembre 1852 ;
Vu la loi du 3 mai 1841 ;
Vu les articles 641, 642 et 643 du Code Napoléon ;
Ouï le rapport qui précède ;

Considérant que le décret du 4 mars 1862 est attaqué par
un double motif :

1° En ce que la déclaration d'utilité publique, faite dans
l'intérêt exclusif de la Ville de Paris, autorise l'expropriation
dans les communes qui n'ont aucun intérêt à l'exécution des
travaux ;

2° En ce qu'il viole les dispositions des articles 641, 642
et 643 du Code Napoléon ;

Sur le premier motif :

Considérant qu'aux termes de l'article 1er du sénatus-consulte du 25 décembre 1852, « tous les travaux d'utilité pu-
« blique, notamment ceux désignés par l'article 10 de la loi
« du 21 avril 1832 et l'article 3 de la loi du 3 mai 1841, et
« toutes les entreprises d'intérêt général, sont ordonnés ou
« autorisés par un décret de l'Empereur, rendu dans la forme
« des règlements d'administration publique ; »

Considérant qu'en vertu du droit absolu qui lui est délégué par la loi constitutionnelle, le Pouvoir exécutif est seul
juge de la question d'utilité publique ;

Que le droit d'autoriser l'expropriation est la conséquence
du droit de déclarer l'utilité publique, puisque l'expropriation,
au cas d'impossibilité d'acquisition amiable, est le seul
moyen possible d'arriver à l'exécution des travaux ;

Que, ni le sénatus-consulte de 1852, ni les lois spéciales
ne permettent d'établir une distinction, quant aux effets de la
déclaration d'utilité publique, entre les travaux qui intéres-
sent l'État, les départements, les communes, ou même les
entreprises particulières d'un intérêt général ;

Qu'en effet le sénatus-consulte de 1852 se réfère à l'article 3 de la loi du 3 mai 1841, lequel s'applique aux travaux
faits par l'État, par les départements, par les communes,
ou par des compagnies particulières ;

Que, quelle que soit la nature des travaux, qu'ils soient
exécutés pour le compte et dans l'intérêt de l'État, d'un département ou d'une commune, le droit d'expropriation est
décrété pour la confection de ces travaux, alors même qu'ils
doivent être exécutés en dehors du département ou de la
commune qui a provoqué la déclaration d'utilité publique ;

Que l'intérêt départemental ou simplement communal,
du moment que le Pouvoir exécutif, par un acte de sa souveraineté, lui a imprimé le caractère d'utilité publique, doit
jouir de tous les droits qui dérivent de cette déclaration ;

Qu'autrement il faudrait dire que l'utilité publique devra se

localiser dans les limites d'un département, d'une commune,
et sera le plus souvent paralysée dans son développement,
rendue même impossible à réaliser, et que la déclaration
qu'en aura faite un décret impérial ne sera qu'une lettre
morte sans exécution ;

Considérant qu'à aucune époque, qu'en aucune circonstance,
avant comme depuis la loi du 3 mai 1841, ne s'était produite
cette étrange doctrine qui diviserait l'expropriation pour
cause d'utilité publique en catégories territoriales ; qu'il y
aurait, à côté de l'expropriation requise par l'État, l'expropriation départementale et l'expropriation communale, dont
la puissance devrait s'arrêter à la limite d'un département ou
d'une commune ;

Considérant que jamais, dans la pratique et devant aucune
juridiction, il ne s'est élevé le moindre doute sur les conséquences d'une déclaration d'utilité publique, quant aux
travaux à exécuter en dehors des départements ou des communes dont l'intérêt avait pu exiger la mesure de l'expropriation ;

Qu'aucun texte de loi n'autorise une distinction contraire
au principe même de la législation, qui protége et garantit,
partout où ils se manifestent et sont reconnus par le pouvoir
compétent, les intérêts de l'utilité publique ;

Que l'on voit, par les termes de l'article 12 de la loi du
3 mai 1841, que cette loi a formellement entendu que
l'expropriation pût s'étendre en dehors des limites de la
commune ;

Qu'en effet cet article (uniquement applicable à la seconde
enquête prescrite par la loi, à celle qui doit suivre le décret
déclaratif de l'utilité publique et qui a pour but de préciser,
par la publication du plan parcellaire, la désignation des
propriétés à comprendre au jugement d'expropriation) dit
que les dispositions des articles 8, 9 et 10 ne sont pas applicables au cas où l'expropriation serait demandée dans un intérêt purement communal ; d'où la conséquence que, si

l'expropriation affecte le territoire d'une autre commune, il en résulte non pas que cette expropriation ne pourra être ordonnée, mais qu'il y aura lieu de remplir les formalités exigées par les articles 8, 9 et 10 ;

Que c'est ainsi que l'a décidé la Cour de Cassation, par arrêt du 13 mars 1848, arrêt rendu sur une espèce dans laquelle il s'agissait d'une expropriation requise par la Ville de Paris pour l'agrandissement du cimetière du Nord, sur le territoire de la commune des Batignolles ;

Que cette commune, qui s'opposait à l'expropriation, n'invoquait pas, comme on veut le faire aujourd'hui, cette prétendue territorialité d'un droit qui ne pouvait l'atteindre, puisqu'il était revendiqué dans l'intérêt exclusif de la Ville de Paris ; qu'elle soutenait seulement qu'il n'avait pas été satisfait aux dispositions des articles 8, 9 et 10 ;

Que c'est en ce sens qu'a prononcé la Cour de Cassation, et que son arrêt, qui n'a contesté qu'un point de procédure, est une consécration manifeste, en principe, du droit d'expropriation, partout où l'a ordonné le décret déclaratif de l'utilité publique ;

Que la jurisprudence administrative est unanime sur ce point, et que jamais le Conseil d'État n'a hésité à appliquer la loi dans ces termes.

Sur le second motif :

Considérant que le droit du décret eût été de prononcer, en cas d'utilité publique déclarée, l'expropriation des sources de la Dhuis ;

Mais que la Ville de Paris étant devenue propriétaire de ces sources par contrat amiable, le décret s'est borné à autoriser l'expropriation des terrains et bâtiments nécessaires à la confection des travaux d'aqueduc ;

Que le décret, en renvoyant à la loi du 3 mai 1841, réserve à l'autorité judiciaire la connaissance de toutes les questions de propriété qui peuvent être soulevées par les intérêts privés ;

Considérant, quant à la nature du droit de propriété de la Ville de Paris sur les sources de la Dhuis, qu'aux termes des articles 641, 642 et 643 du Code Napoléon, tout propriétaire d'un fonds où jaillit une source peut en user à sa volonté, et que l'exercice de ce droit, qui est proclamé en termes absolus, ne comporte que trois exceptions :

1° S'il y a eu servitude consentie au profit des fonds inférieurs ;

2° Si la servitude a été acquise par prescription ;

3° Si l'eau de la source est nécessaire aux habitants d'une commune, village ou hameau, auquel cas ce propriétaire doit leur donner cette eau moyennant indemnité, sauf le cas de prescription de cette indemnité ;

Considérant que le contrat de vente passé au nom de la Ville de Paris constate qu'il n'existe aucune servitude par titre ;

Considérant que la prescription de la servitude ne peut commencer à courir que du jour où les propriétaires des fonds inférieurs ont fait et terminé des ouvrages apparents sur le fonds du propriétaire de la source ;

Qu'en fait, il n'existe aucun ouvrage de ce genre ;

Qu'il n'y a donc aucune servitude acquise par prescription ;

Considérant que l'article 643 ne fait réserve d'un droit au profit des habitants d'une commune, village ou hameau, qu'à l'égard des eaux qui leur sont nécessaires, et qu'il résulte d'une jurisprudence constante que cette nécessité s'entend de l'alimentation des hommes et des bestiaux ;

Qu'en fait, cette nécessité n'existe pas dans la situation actuelle ;

Qu'il résulte au contraire des documents placés sous les yeux du Comité, que les communes situées en aval de la source, et qui en perdront le produit par suite de la dérivation, ont une quantité d'eau plus que suffisante aux nécessités prévues par l'article 643 ;

Que vainement on alléguerait le préjudice qui peut résulter de la dérivation, soit pour l'irrigation des fonds inférieurs, soit pour la mise en mouvement des usines;

Qu'il est de principe que celui qui use d'un droit légitime ne saurait être responsable du dommage qui peut en résulter pour autrui;

Que ce principe a été consacré par de nombreux monuments de jurisprudence, notamment par un arrêt de la Cour de Cassation du 8 février 1858 et par un autre arrêt de la Cour impériale de Paris du 15 mai 1858, arrêts rendus tous deux dans une espèce analogue à celle qui se débat aujourd'hui;

Considérant que le droit de propriété consacré par l'article 641 a reçu encore une consécration nouvelle dans les lois des 29 avril 1845 et 11 juillet 1847, sur les irrigations;

Qu'il résulte des dispositions de ces lois que celui qui veut user, pour irriguer ses propriétés, des *eaux naturelles ou artificielles dont il a droit de disposer*, peut contraindre les fonds intermédiaires à recevoir les ouvrages nécessaires pour conduire les eaux sur les points qu'elles sont destinées à arroser;

Qu'il est incontestable que la Ville de Paris, propriétaire des sources de la Dhuis au même titre que son vendeur, aurait eu le droit de dériver ses sources en vertu de la loi sur les irrigations, comme elle a le droit de le faire pour un autre usage, en vertu d'une déclaration d'utilité publique;

Considérant qu'il n'y a aucune distinction à établir, quant à la nature et à l'exercice du droit de propriété, entre les eaux que l'on appelle privées et celles que l'on veut appeler publiques;

Que l'article 641 ne distingue pas;

Que, quel que soit le régime auquel on veuille soumettre les eaux quand elles sont sorties du fonds où elles jaillissent, elles n'en conservent pas moins, dans ce fonds, le caractère

7

d'eaux privées, et n'en constituent pas moins une propriété dont le maître du fonds peut disposer à sa volonté ;

Considérant que, pour l'appréciation de la légalité du décret du 4 mars, il est sans intérêt de rechercher si l'expropriation pour cause d'utilité publique peut s'appliquer à une source, puisque ce décret ne prononce aucune expropriation de ce genre ;

Mais que, sur ce point, les principes ne sont pas contestables, et qu'il résulte des nombreuses décisions relatées au rapport qui précède, qu'une source, qu'un cours d'eau, comme toute autre espèce de propriété, peut faire l'objet d'une expropriation ;

Par ces motifs,

Est d'avis qu'aucune des objections soulevées par les pétitionnaires n'est fondée en droit.

PRÉFECTURE DU DÉPARTEMENT DE LA SEINE.

SECRÉTARIAT GÉNÉRAL

(1ʳᵉ SECTION. — 2ᵉ BUREAU.)

EAUX DE PARIS.

DÉRIVATION DE LA DHUIS.

PASSAGE SUR L'AQUEDUC.

Le Sénateur, Préfet du département de la Seine, Grand-Croix de l'ordre impérial de la Légion d'honneur,

Vu la délibération, prise le 27 février 1863, par le conseil municipal de Paris, et portant :

Il y a lieu par telle voie que l'Administration jugera la plus opportune, de reconnaître au profit des propriétaires de parcelles enclavées, et qui n'ont accès auxdites parcelles que par la zone de terrain acquise, pour la construction de l'aqueduc de dérivation de la Dhuis, le droit de traverser ladite zone, même après la construction de l'aqueduc, pour l'exploitation agricole de leurs parcelles enclavées, avec voitures, ustensiles aratoires, chevaux et bestiaux isolés ou en troupeaux.

Toutefois il devra être réservé que la Ville de Paris ne pourra être recherchée dans le cas où le passage viendrait à être momentanément suspendu pour l'exécution de travaux de réparation ou autres qu'exigerait l'aqueduc. Il sera expliqué également que la Ville de Paris a pris l'engagement, envers les populations, de n'intercepter aucune des voies de communication que l'aqueduc traverse ou qu'il suit dans son parcours;

Vu e rapport du directeur du service municipal des travaux publics;

Vu les décrets des 25 mars 1862 (tableau A, n° 55), et 9 janvier 1864, sur la décentralisation administrative;

Arrête :

La délibération du conseil municipal de Paris, ci-dessus rapportée, est approuvée dans sa forme et teneur.

Fait à Paris, le 11 mars 1863.

Signé : G.-E. HAUSSMANN.

PRÉFECTURE DU DÉPARTEMENT DE LA SEINE.

ADMINISTRATION DE LA VILLE DE PARIS.

Direction du Service municipal des Travaux publics.

RAPPORT A M. LE SÉNATEUR-PRÉFET

DÉRIVATION DE LA DHUIS.

LIMITE DES EXPLOITATIONS SOUTERRAINES.

Le règlement spécial sur les *carrières de pierre à plâtre,* approuvé par le décret du 22 mars 1813, est appliqué dans les départements de la Seine, de Seine-et-Oise, de Seine-et-Marne et de l'Aisne.

Il contient deux articles qui peuvent être invoqués pour la protection des ouvrages hydrauliques de la Ville de Paris.

L'article 8 est ainsi conçu :

« Aux approches des aqueducs construits en maçonnerie
« pour la conduite des eaux des communes, tels que ceux
« de Rungis et d'Arcueil, les fouilles ne pourront être
« poussées qu'à dix mètres de chaque côté de la clé de
« voûte.................... Les distances fixées par cet
« article pourront être augmentées sur le rapport des ins-

« pecteurs des carrières, ensuite d'une inspection des lieux,
« d'après la nature du terrain et la profondeur à laquelle
« se trouveront respectivement les aqueducs et les exploita-
« tions. »

L'article 29 porte ce qui suit :

« Les cavages de toute espèce ne pourront être poussés
« qu'à la distance de dix mètres des deux côtés des chemins
« à voiture, de quelque classe qu'ils soient, *des édifices et*
« *constructions quelconques*, plus un mètre par mètre d'é-
« paisseur des terres » (1).

Ces mesures sont moins sévères que les prescriptions des
anciens règlements des Eaux de Paris, qui allaient jusqu'à
interdire les fouilles à moins de 15 toises (30 mètres),
(arrêt du 4 juillet 1777), relatif à l'aqueduc d'Arcueil.

L'Administration municipale a souvent reculé devant l'application rigoureuse de ces règlements, et a consenti de
nombreuses tolérances le long des Sources du nord et du
midi. De leur côté, les ingénieurs n'invoquent pas ces règlements et s'appuient seulement sur le décret de 1813.

Eu égard à cette jurisprudence administrative, le soussi-

---

(1) *Bulletin des Lois*, 4ᵉ série, 492, nᵒ 9075.
Un décret de la même date et contenant règlement général sur l'exploitation des carrières, plâtrières, glaisières, sablonnières, marnières
et crayères, soumet cette exploitation à une permission préalable et à
la conservation de la distance prescrite par les règlements à l'égard des
aqueducs et tuyaux de conduite (art. 5, §4).—*Bulletin des Lois*, 4ᵉ série,
496, nᵒ 9093.
Enfin, un décret du 4 juillet 1813 qui approuve un règlement spécial concernant l'exploitation des pierres calcaires, dites *pierres à bâtir*
contient, à l'art. 8, des prescriptions analogues à celles de l'art. 8 du
décret sur les carrières de pierre à plâtre. — (*Bulletin des Lois*, 4ᵉ série, 513, nᵒ 9427.
Ces décrets, primitivement appliqués aux départements de la Seine
et de Seine-et-Oise, ont été, par des décisions ministérielles, déclarés applicables, savoir : le 5 avril 1822, au département de Seine-et-Marne,
le 1ᵉʳ octobre 1832, au département de l'Aisne

gné s'est demandé si la dérivation de la Dhuis était suffisamment sauvegardée par le décret précité, ou si la Ville devait remettre en vigueur, pour la protection du nouvel aqueduc, les règlements édictés en faveur des anciennes eaux de Paris.

Dans les rapports ci-joints, les ingénieurs des mines et ceux des eaux proposent de concert, en vertu de l'article 29 du décret de 1813, de fixer la limite des exploitations souterraines à 11 mètres de chaque côté de l'aqueduc, au minimum. Cette limite a servi de base aux transactions amiables et aux discussions devant les jurys d'expropriation.

En conséquence, le soussigné propose à monsieur le Sénateur Préfet d'approuver cette limite qui paraît suffisamment protectrice, et de décider qu'avis en sera donné aux Préfets des départements traversés par la dérivation.

Paris, le 8 janvier 1864.

Le Directeur du service municipal des travaux publics,

MICHAL.

Approuvé:

Le Sénateur Préfet

G.-E. HAUSSMANN.

IMPRIMERIE DE PAUL DUPONT, RUE GRENELLE-SAINT-HONORÉ, 45, A PARIS.

PARIS, IMPRIMERIE ADMINISTRATIVE DE PAUL DUPONT

RUE DE GRENELLE-SAINT-HONORÉ, 45

www.ingramcontent.com/pod-product-compliance
Lightning Source LLC
Chambersburg PA
CBHW052036270326
41931CB00012B/2510